愛在單車路上，
從獨騎到結伴踩踏出天涯

Love on the cycling road : From riding alone to riding together to the world

看完全書，想著剛闔上這本精彩的跨國旅記後的感動（因為是看書稿只能想像），那種感覺就像身為一位熱愛單車旅行的我，總是會將書本上的地名隨手以 Google Maps 搜尋對照，讓我能更融入于喬所描述的情境，這時會有如看場電影，讓整個人進入她所描述的時空。會有這樣的感覺，要歸功於喬有著細膩的文字及多角度的觀察，才能將她在一個人歐洲單車之旅後，隔年又與後來的先生同騎於中亞段，描繪得如此生動有趣進而發人省思。

由於旅行在外有機會認識當地人，除了融入過當地的生活，在融入不熟悉的文化過程中，也會對自己原本熟悉的生活或土地有不同角度的理解，而且有了長程旅行經驗，會更懂得生命中如何堅持；而像于喬的第二段旅程，是與交往多年的男友同行（她們回國後結婚了），除了在共同面對困境與危機中留下珍貴的共同回憶，也在各種衝突中，讓兩個不同個性的戀人磨合出相處之道。這兩者是書中讓我最有感部分，因為這也是我和太太騎車過程收穫最大的部分。

我們在旅程中雖不曾怒目相視，但行前規畫、行程後的影片剪輯及配音，意見不合鬧冷戰可說是家常便飯，但神奇的是，只要我們再一起騎趟車，這些不愉快就在有節奏的踩踏及呼吸中消失無蹤，因此我相信于喬及維修（她先生），單車必定會在未來的日子繼續陪伴著她們；因為它已經不僅是跨國旅行的交通工具，有了單車她們才會相識、結婚生子，並且也才有這本書的誕生。

由於讀完後有了上述的感想，因此想將這本書推薦給想要跨出腳步前往他鄉旅行、想了解如何和親密的夥伴在旅行中相處，以及想透過文字來認識單車旅行的朋友，這本書會讓您懂得這一切繼而勇敢地跨出腳步。

最後，祝福于喬和維修能夠再次回到帕米爾公路旅行，重溫十年前在碧綠神木上的相遇，並在十年後在武嶺許下終身的承諾。

臺灣・用騎的最美

二〇一七年，對單車旅行者而言是個重要的一年。不少剛踏上旅途的新手旅人都選擇騎單車橫跨歐亞——這一切，都歸功嘎嘎嘎於二〇〇七年所撰寫的北京到巴黎（B2P）網誌——自此長途海外單車旅行，不再那麼遙不可及，令人望洋生嘆。

　　而于喬，就是其中一位初出茅廬的車友。啟程前夕，她帶著那輛走過風雨歷程的老登山車來找我們檢整維護。如同其他即將遠行的旅人一樣，臉上不自覺地流露出「期待又怕受傷」的矛盾情結，猶如迷途的待宰羔羊，卻又像初生之犢般偏向虎山行。那是我對她的第一印象。

　　後來我才知道，當時她是抱著與交往十年的男友分手的決心而出發。

　　再聽到于喬的消息，她已獨自完成四個月歐洲之旅，後來和男友維修同騎中亞，成功翻越帕米爾公路，最後又攜手邁向人生的另一個里程碑。

　　「婚姻從不是愛情的墳墓，單車旅行才是。」從獨騎到結伴踩踏出天涯，這一路的福禍相依、患難相扶，勢必會成為她倆一輩子的養分，旅程中的種種一切都挺過來了，接踵而來的人生考驗又算得上什麼？

　　透過于喬的旅行紀錄，讓我們不必冒著與另一半分手的風險，也能安然地挺過這一趟刻骨銘心的旅程。

　　期待于喬這一本著作能承先啟後，鼓勵更多未來的單車旅行者踏上旅程。讓每一個人都相信自己可以做到任何想做的事。

《那些單車旅行教我們的事》作者

Alashi

　　二〇二三年，疫情總算告一段落。全世界互道恭喜，彷彿重獲新生。許多車友已經迫不及待摩拳擦掌，準備重圓海外單車旅行的夢想。這三年間，暫停鍵被按下，你、我、許多車友跟本書作者于喬一樣，失去了用雙腳雙輪探索世界的自由，只能從網路與書本的文字圖片來了解這個世界、在螢幕與紙張書本方框框裡的世界。

　　我們的單車旅行，都是從參考前人的足跡與輪印開始的。我們這一代何其幸福，有這麼多前輩的經驗心得，透過書本紙張網誌部落格，可以方便的獲取這些知識。甚至，我們還有前人所沒有的高科技輔助：手機網路、GPS 導航與電子地圖 Maps.me，讓我們的單車旅行更安全、準備更充分。

　　書裡面的于喬以及他的先生，跟現實生活中我所認識的那對夫妻，有些許的不同。但對於有相同單車旅遊經驗的人，卻又是再熟悉也不過的過程——表面上是單車旅行，但更多的是人與人間的溝通交流：跟陌生人的交流、跟當地朋友的交流、跟好人與壞人的交流、在遙遠的異鄉跟臺灣的家人們的交流，以及同行車友、最後變成了夫妻的溝通與交流。這些交流，以及文字圖片變成了一篇篇的故事，用旅程路線經過地區排序，最後建構而成了這本書。

　　旅行、或是單車旅行最迷人的地方，其中包括從沒想過會去的地方（無人地帶的帕米爾公路）、碰到的好人（科索沃的海關女孩）、壞人（塔吉克的機場人員）與同鄉（天涯海角遇到的臺灣旅行團），以及一路上的各種驚嚇（被狗追在臺灣騎單車就會了）等等。希望看完書之後，能給你足夠的訊息知識與信心，讓你帶著一顆勇敢的心、還有你的單車（別忘了），上路吧！

Facebook 日本單車旅遊社長

王克強

作者序

PREFACE

　　以前讀大學參加單車社時，記得年紀大自己十歲以上的學長們說：「在他們那年代（一九九〇年代）在臺灣騎單車旅行，在別人眼裡是很瘋狂的事！」

　　個人聽到這話的當下，只在想：「騎單車到沒去過遠方的風景，不是才令人期待嗎？」

　　我喜歡騎單車旅行，無論是騎在臺灣或是到海外，一直不在意這是別人刻板印象裡看來很耗體力，甚至認為瘋狂的事，就是單純喜愛這種靠自己踩踏，一步一腳印前進的旅行方式。

　　但是自己並非是大膽的人，不是有了一輛單車，就敢立刻獨自上路去任何地方，所以最初有念頭想要單車旅行時，是去參加大學單車社團，從跟活動騎家鄉台北的路開始，慢慢學如何規劃單車旅行，甚至是開活動，帶人一起去單車旅行臺灣。

　　從台北開始單車旅行，到騎過臺灣各地，再到初次去日本沖繩長途自助單車旅行，就過了快九年的時光。這是透過一點一點的經驗累積，以及資訊蒐集，還有海外度假打工，到臺灣旅遊業工作的歷練，克服對於單車出走的各式疑慮，才讓我建立起信心，在有概念如何出走臺灣之下，去嘗試路途更遠的海外長途自助單車旅行。

　　透過書寫這本書，除了記錄分兩段旅程，挑戰歐亞大陸跨國單車旅行的經歷，也希望做到一件大學弄單車旅行活動時，常常需要做的事，也是自身的經歷：鼓勵想去單車旅行的人，透過學習準備，築起為自我跨出那一步上路的勇敢。

　　然後，引用電影《麻雀變鳳凰》裡的經典名句：「勇氣並不是不恐懼，而是明白還有比恐懼更重要的事。」

　　其實，有機會跟沒去過海外長途單車旅行的人，分享這類旅程經歷時，多數人都是投射「好有勇氣」的眼光。但是更想說自己從想去長途單車旅行，到旅程途中，甚至旅程結束，要踏入不同人生階段的

生活，連寫書投稿出版，我還是一直歷經對自我懷疑過的恐懼，沒有勇者無懼，個人也是不斷地試著去面對，找尋化解恐懼完成目標的可能，不要因為恐懼，錯過想嘗試的夢想。

很高興能跟每一位翻閱這本書的讀者，分享一些個人海外自助單車旅行的故事點滴，和準備自助單車旅行的觀點，也感謝這些年支持和祝福自己能單車上路的親友，到旅途相遇，帶給個人一輩子精采回憶的人們，一起構築出這本書。

如果碰巧你也是想去單車旅行的人，正有許多疑問，歡迎透過網路社群聯繫做更多交流，自己也是透過許多人的分享和協助才上路的，想出發的你只要願意行動，一定不孤單。

林于喬

About the AUTHOR

台北人，曾任臺灣師大單車社社長。有英語導遊領隊執照，帶過外國人單車旅行過臺灣。目前成家育兒後，正在規劃海內外親子單車旅行。經營「飄飄木之旅」臉書專頁和部落格，分享旅行與生活記事。

海內外單車旅行記事		
二〇〇五年	加入大學單車社，開始單車旅行
二〇〇六年	初次騎超過一百公里的長途單車旅行：花東縱谷5天
二〇〇七年	單車環台、初次騎武嶺
二〇〇九年	「三百年騎郁記─跨越三百年的壯遊，追尋郁永河的足跡」臺灣人文歷史單車壯遊之旅20天→獲獎第一屆「青年壯遊臺灣－尋找自己的感動地圖」團體組競賽佳作
二〇一四年	前進日本最西端的沖繩單車之旅9天
二〇一七年	雙門單車之旅：廈門到金門5天（跟踩線團）獨騎歐洲之旅124天，英國倫敦到土耳其伊斯坦堡
二〇一八年	伴騎歐亞之旅80天，土耳其和中亞帕米爾公路

作者網路社群
QRcode

CONTENTS

CHAPTER

02

伴騎歐亞

兩輛單車從海拔0到4655公尺的旅程

導言
introduction

　　不知道每個人想去旅行的理由為何？如果旅行交通工具，又還選擇用騎單車的話，理由為何？

♦ 開始單車旅行

　　比起省錢、深入體驗地方風景、有機會多跟當地人交流，這些許多人在談的單車旅行優點。自己會迷上單車旅行的感覺，純粹是喜歡踩在單車上，邁向遠方，特別是從未到過的地方，那一種跨出去的感覺。

　　甚至上大學前就心中有單車環島夢，還曾經寫在高中作文裡，就是想騎單車造訪未去過的臺灣角落，那是知名單車電影「練習曲」在二○○七年尚未出現前，自己就有的夢。

　　後來大學在單車社期間，學習如何規劃在臺灣單車旅行，完成單車環島，甚至有騎到臺灣公路最高點武嶺，以及離島的金門和澎湖騎車，也遇到了各式單車旅行的人，來臺灣學中文抽空參加社團單車活動的外國朋友，或是有認識大學醫學生趁學校暑假時去海外自助單車旅行，但是自己一度覺得要打包單車上飛機，是一件很麻煩的事，加上諸多考量，就把海外自助單車旅行夢一直擱置。

♦ 思考去海外自助單車旅行的可能

　　二○一三年去澳洲度假打工一年將結束之際，遇到了一件事，讓自己重新思考海外自助單車旅行的可能。

9

在我結束一個距離墨爾本車程三小時遠的鄉下農場工作，離開那地方一個禮拜後，還留在那的臺灣朋友突然捎來訊息給我，分享遇到一位大學休學的十八歲臺灣女孩，在澳洲自助單車旅行找住宿時，巧遇他們被撿回租屋處一起住。那女孩的旅程是獨自從南澳的阿德雷德（Adelaide）開始，要一路騎到北澳凱恩斯（Cairns）。

知道我喜歡單車旅行的臺灣朋友們，輾轉把那位大學休學的臺灣女孩臉書分享給我，一問過她之後，才發現她在臺灣完全沒騎過長途單車旅行，心裡有想法就鼓起勇氣行動，沒有顧忌太多，這點讓我很驚訝，也開始思考：去海外單車旅行該顧慮多少？

同一年結束澳洲度假打工，回臺灣後又在臉書上看到一位臺灣女生 Min 經營臉書粉專，分享她獨自從德國單車旅行到中國橫跨歐亞的故事，一查下來，發現她也是無長途單車旅遊經驗，結束德國度假打工之際，想嘗試不同的旅行方式，就毅然出發。

見到這兩位自助單車旅行零經驗，就啟程在海外長途自助單車旅行的臺灣女生故事後，發現自己想太多，才會別人已經出發了，但我卻仍在原點。

◆ 跨出自己的一小步

心底想去海外長途單車旅行，更想挑戰跨歐亞大陸的單車旅行，不過自己不敢像別人一上路，就挑戰長時間的海外單車跨國壯遊。

於是自己換成先跨出一小步：學習如何把單車裝箱，託運帶上飛機。在二〇一四年，先嘗試自助帶單車從臺灣搭機到日本沖繩單車旅行，克服過去不知道如何帶單車上飛機的疑惑。

然而，以前想去海外自助單車旅行，克服心中對技術上的最大疑惑後，卻還有一關是我始料未及，讓我差點要放棄去海外長途自助單車旅行：男友這一關。

◆ 溝通的考驗

完成了日本沖繩單車之旅，沒跟父母先說，我鼓起勇氣跟男友維修表示，希望未來嘗試橫跨歐亞的自助單車旅行。

一開始維修表示一定要他陪，一起騎，最多去騎三個月，去騎歐洲就好，才不會影響他在竹科工作的年資累積，但是自己不願意配合他，放棄最初想橫跨歐亞旅行規劃，我也回應可以一人去騎不用他陪伴，但是他不能接受。

溝通期間，他也一直挑釁的問：一個女生去海外自助單車旅行，遇到性騷擾怎麼辦？會不會被性侵？騎不動怎麼辦？

諸如此類雞蛋裡挑骨頭的問題，他想讓我知難而退，放棄獨自海外長途單車旅行這種事，但是自己不願放棄，於是彼此的溝通沒有交集，只有時間不斷流逝。

◆ 那一幅畫與決心

二〇一七年農曆過年前整理房間時，偶然翻到了一張圖，那是以前國中時代英文作業所繪的，作業內容是：畫出有關自己生活的事。

圖片裡是獨自一人牽著單車，背著背包看著山林田野的風景。

一張很簡單的圖，為自己心中嚮往騎單車去遠方的青春年少時光，留下了記錄，於是十幾歲時畫下的夢，再次觸動將滿三十歲的自己，也確信心底想去長途單車旅行的夢，是一直都有的夢，決定不要再猶豫下去，就這一年出發吧！

為此跟維修再次談判，儘管對方依舊質疑我的想法，仍堅持我要他陪著騎，並且最多去三個月，才不會影響他在竹科工作的年資，但是自己立場也很強硬反質疑：為何要為了你的完美打算，放棄我的夢想？

衝突之下，我進一步的更明確：自己就是要去騎歐亞單車之旅，就算為此分手也不退讓。

這樣的回覆，把維修嚇到，不想為此分手的他，終於同意支持我的歐亞單車旅行夢，不用全程他陪伴，溝通折衷下來，我先獨騎歐洲四個月，從英國到土耳其伊斯坦堡，等他隔一年時間和經費都允許時，再看中亞三個月的旅程如何走。

　　耗時超過兩年的溝通，終於搞定男友這一關後，我才跟自己父母溝通，本來擔心他們會反對，忐忑不安，特別是自己老媽那關，她以前在我大學時，就反對過我想獨自單車環臺灣的想法，還堅持最少要四人一起騎，讓一時找不到這麼朋友結伴騎車的我，不得不臨時選擇跟外面團體單位一起騎，實現單車環島夢。

　　出乎意料的是，告知爸媽想去自助歐亞單車之旅的計劃後，他們都沒再多說什麼，表示支持去實踐，讓我才真的能放心出發，訂下飛往歐洲單程機票不到兩個月，我就獨自帶著單車和行李，啟程了這趟歐亞單車之旅。

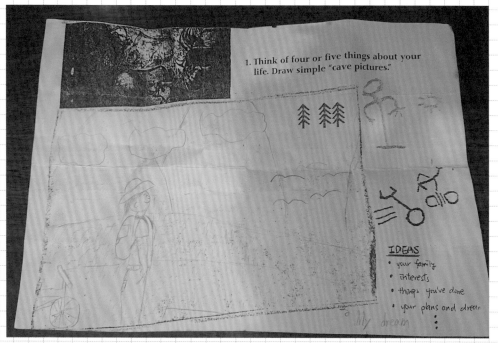

國中的英文作業，手繪想去單車旅行的圖。

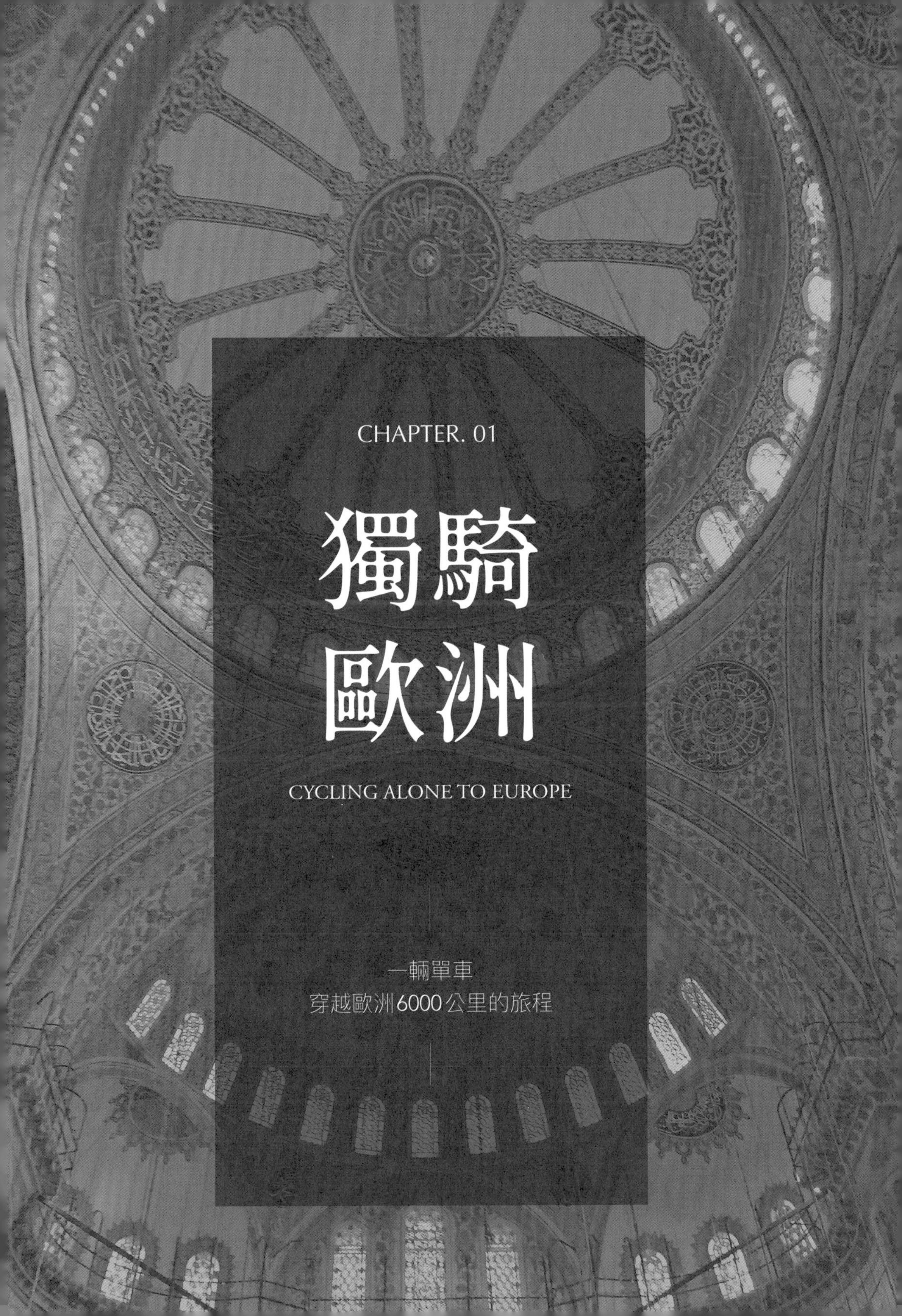

CHAPTER. 01

獨騎
歐洲

CYCLING ALONE TO EUROPE

一輛單車
穿越歐洲6000公里的旅程

啟程到倫敦

搭機離開臺灣上空的風景。

　　原以為完成跟親友的溝通並啟程後，獨自上路最可能碰上的第一關考驗，會出現在入境英國海關的時候，但沒想到在桃園機場要搭機從臺灣出發時，就遇到差點被拒絕登機的情況。順利抵達英國在機場組好單車，丟棄無法隨身攜帶的東西後，開始能感受到旅程要騎向未知了！

 ## 出發當下的波折

　　二〇一七年七月三十日，要從臺灣出發去歐洲的前幾天，原本還擔憂侵襲臺灣的尼沙颱風會打亂行程，幸好在颱風快走之下，自己能照原訂計畫，搭乘下午啟程的馬來西亞航空班機，經吉隆坡轉機到英國，展開這趟歐亞單車之旅。

　　但在桃園機場櫃檯辦理登機時，卻碰到讓我差點措手不及的狀況，就是馬航的櫃檯突然要求：須出示離境英國的任何交通票券，才能完成登機手續，並核發機票。

然而，出發前我有向馬航的電話客服詢問過，在臺灣辦理登機和在英國入境時，是否要出示離境英國的交通票券？馬航的電話客服向我信誓旦旦地回覆：「不用出示。」而我為了保持旅程的彈性，選擇相信這位電話客服，所以到機場辦理登機前，沒有事先訂下離境英國的任何交通票券。

幸好我在行前準備上，有事先查好如何訂從英國到荷蘭的船票，於是當場在倉促的五分鐘之內，用手機上網訂下英國往荷蘭的船票，取得購票證明後出示，才有驚無險的完成在馬航櫃檯登機手續，託運行李也直掛送到英國，終於可以從臺灣搭機啟程這趟「穿越歐洲單車之旅」。

陪伴送機的維修，看著我緊急處理這事，儘管擔心之後我獨自在歐洲單車旅行，是否會有更多狀況，但是也不再多說，我們好好的擁抱道別。

🚲 為何選擇英國當起點

在規劃從歐洲啟程，一路向東的歐亞單車之旅上，自己選擇英國作為旅程的起點，純粹是在旅途中想拜訪的歐洲朋友國籍裡，英國是在歐洲最西邊的位置，所以就決定從這國家開始旅程，同時在這國家對自己來說，也不用擔心語言溝通的問題，作為踏上歐洲的第一站，是相對比較安心的選擇。

抵達英國倫敦希斯洛機場。

🚲 初次踏上歐洲的第一天

第一次自己來歐洲，還帶著單車來，一下機就要狂妄的獨自用雙腳踩單車穿越歐洲，度過未來四個月，心情有出發上路的喜悅外，卻也雜揉著疑慮，沒把握是否能一路騎到土耳其的伊斯坦堡之際，人已經隨著馬航的班機，抵達英國倫敦的希斯洛機場。

下機之後，排隊等待通關的期間，對了一下手機時間，一開始我還困惑，為何英國跟臺灣時差是「七小時」，我記得英國的格林威治標準時間，是跟臺灣差八小時才對？

困惑了幾分鐘後，我才想起歐洲夏季有使用日光節約時間[1]，時差會再縮短一小時，這是個臺灣沒有的時間。**跟臺灣時差會有季節差異，是我剛踏上歐洲的第一印象。**

過海關時，原先擔心會不會被詢問一堆問題，或是要求出示保險、離境交通票券和旅行行程表之類的資料，沒想到海關全都沒看，也沒問太多問題，一下子就讓我通關入境歐洲。

通關完去取行李時，裝箱的單車不是在行李轉盤上領取，而是被特別放置在某一角落，讓我省去要一人從行李轉盤上把單車搬下來的困擾，真感謝機場這項細心的服務。

在機場內組完單車，掛上所有行李後，我將裝單車的紙箱拿去丟棄那一刻，心中才開始有緊張的感覺：「這一丟之後，下次要打包單車上飛機時，就得在國外找單車紙箱了。」這是我第一次在國外丟棄單車紙箱，希望下次要找單車紙箱的地方，能如願是在這趟歐洲旅程的終點，土耳其伊斯坦堡。

接下來傳訊息告知這一晚願意接待我的熱水澡（Warmshower）主人，自己準備從機場過去找她，於是便帶著單車搭乘機場快線，前往倫敦市區，準備找尋在歐洲第一晚的落腳處。

剛進入倫敦市區，時間已到晚上八點半，天色開始進入黃昏，夏日的倫敦約晚上九點天黑，我沒時間在路上閒逛，趕緊用手機確認借宿地位置後，就倉促地趕過去，只能驚鴻一瞥沿途路過的海德公園和泰晤士河，無暇停留欣賞沿途風景。

01 從機場搭快鐵前往倫敦市中心；02 在第一天路途中看到的倫敦夜景。

最後終於在大概晚上十點，抵達今晚接待我的熱水澡主人住處，在對方與同住室友們簡單寒暄，以及素食晚餐招待下，讓我從搭長途飛機、在機場手忙腳亂組單車，和匆忙趕路騎過來所累積的疲憊感，頓時消退不少，總算能把人生地不熟的緊張心情放鬆。

到達歐洲的第一晚，在忙碌和勞累下結束，沒多餘的心力寫日記，人就先入睡了。

搭機入境歐洲的話，要準備好離境機票或船票資訊，才不會突然被要求查看時，因無法出示而被拒絕登機或入境。

---

1 日光節約時間：又稱夏令時間，是一種在夏季期間犧牲正常的日出時間，而將時間調快的做法。通常使用夏令時間的地區，會在接近春季開始的時候，將時間調快一小時，並在秋季調回正常時間。實際上，日光節約時間會造成在春季轉換當日的睡眠時間減少一小時，而在秋季轉換當日則會多出一小時的睡眠時間。而目前主要是歐美國家有在使用日光節約時間。

高材生家的熱水澡

在歐洲第一晚住的熱水澡房間。

　　初到歐洲後，我在倫敦停留了三個晚上，都是從單車界的沙發衝浪「熱水澡（Warmshower）」找到住處，被兩位住在倫敦不同地區的朋友收留，聊天後，超驚訝她們各是劍橋和牛津大學的校友，讓我一度懷疑是不是旅行在英國，隨便都能認識到那兩間名校的校友。

熱水澡初體驗

　　「熱水澡」成立於一九九三年，最初是由一對加拿大情侶泰莉（Terry Zmrhal）和傑夫（Geoff Cashmenl）所創立的資料庫，用來整理對單車客友善接待的組織成員。這網站對想去海外單車旅行的人，是口耳相傳的資訊，主要是媒合單車客找到當地的接待主人，且能免費借宿和放單車，加上通常接待單車客的主人也會供餐。而我初次知道這網站，是二〇一四年底在臺灣基隆一間青年旅舍作客時，遇到一位瑞士單車客雷納（René）分享得知。

我的第一個熱水澡主人莎芬（Saffron），在倫敦住的地方，是由一棟棟兩層樓平房之間緊緊相連所組成，各家門口都沒有門牌，因此我尋覓到住址所在的街道上時，根本搞不清楚哪一戶才是她家，還是她開門相認，我才找到地方。

跟莎芬相見歡後，她表示很開心接待到我，因為我是她接待過的人當中，第一位來自亞洲的單車客。莎芬也分享自己長途單車旅行的經驗，她曾經從英國倫敦騎到匈牙利布達佩斯，受過熱水澡不少幫助，所以才會成為熱水澡的一員，接待單車客。她談及最難忘的使用熱水澡經驗，是在英國南部單車旅行的時候，都能臨時找到願意接待她的人，體驗她意想不到的英國人熱情。

持續跟莎芬聊天下來，她談到家鄉在劍橋，也是劍橋大學畢業的校友，以前曾去蒙古國居住且工作一年過，目前因工作關係，才租屋住在倫敦，和另外兩位女性房友同住這間房子。

在得知莎芬是劍橋大學校友後，我透露之後旅程計畫是騎到劍橋大學，想造訪劍橋大學內一塊有中文字的石碑，那石碑的內容是〈再別康橋〉部分詩詞，這詩是中國詩人徐志摩在一九二〇年代造訪劍橋大學後所創作的。劍橋大學也因為這首詩，廣為海外華人所認識。

莎芬聽我講劍橋大學曾有中國詩人留下一首詩，且在她的母校還有石碑紀念時，反而吃驚說不知道有這件事！細問下發現，原來莎芬已經大學畢業十幾年，但〈再別康橋〉的中文石碑，是在她畢業後，於二〇〇八年設立在劍橋大學的國王學院，所以大學畢業後沒再回母校的莎芬，的確沒看過。

01 在歐洲第一晚接待我的莎芬（穿黃衣服的）和她的房友；02 劍橋大學內的〈再別康橋〉詩詞石碑。

`01` `02`

　　為了進一步跟莎芬證實我說的事，我靈機一動，想到徐志摩的〈再別康橋〉這首詩這麼有名，一定會有英文版的翻譯，果然一查就找到，於是馬上拿給莎芬和在場兩位房友一起看，〈再別康橋〉英文版的第一段。

Very quietly I take my leave,（輕輕的我走了，）
As quietly as I came here;（正如我輕輕的來；）
Quietly I wave good-bye,（我輕輕的招手，）
To the rosy clouds in the western sky.（作別西天的雲彩。）

　　如果不是遇到莎芬，我不曾想過要看〈再別康橋〉這首詩的英文翻譯。初次和英國人一起看這首詩的英文翻譯，大家一起讚嘆好美。

　　離開倫敦騎到劍橋後，看到路邊店家的小黑板，特別用中文字且帶有詩意的寫著「採取一些劍橋回家」，立刻吸引住我的目光。為了要進入國王學院看紀念石碑，我先去了遊客中心購票，裡面有賣各式與徐志摩相關的傳記和商品，看來到此一遊的華人遊客很多。

　　進入國王學院後，果然見到不少中國遊客，來跟〈再別康橋〉的中文石碑合照，儘管自己也是來跟風做這個觀光客十足的行為，但是放眼全歐洲，要看到刻有中文詩的石碑，大概也僅此一處，覺得到此一遊還是很值得。

　　拍完照後，漫步校園內看著綠茵的草皮和康河撐篙，詩裡的風景呈現在眼前，美到彷彿是人間仙境，才能理解是劍橋大學浪漫幽美的環境，引領他寫出絕美的〈再別康橋〉。

〈再別康橋〉的石碑一開始是免費參觀的，但校方後來發現人數眾多的中國遊客根本不進入要收費的國王學院教堂參觀，只來看紀念石碑，為了不錯過賺錢的好機會，才改成進國王學院一定要購票，好好賺這筆中國人的觀光財。

我牽著單車漫步在劍橋大學校園，追逐徐志摩的步伐之餘，覺得玩味的是徐志摩來這所大學只是旁聽，並未修業取得學位，只是用詩記下劍橋之美，但卻讓這所出過幾十位諾貝爾獎得主的歷史名校，願意用校園的一隅，紀念他這位來自中國的詩人，這真的是前無古人，後也不知何時有來者的成就。

離開國王學院後，我也在雨中跟劍橋再見，繼續載著重重的行李踩單車往北走，期待未來會再逢。

🚲 歡迎去我的國家

莎芬那借宿兩晚後，我仍想在倫敦多停留一晚，在邊查詢熱水澡，邊尋找可接待的主人時，發現了卡拉（Cara）在上面自介標示會中文，便好奇傳訊息詢問她是否能借宿，沒想到對方也快速用中文回應：「可以！」

於是我在倫敦的第三天傍晚，瞬間找到落腳處。在到達卡拉的住家外後，發現那一帶的住宅環境都是三層樓左右的公寓，而我牽著掛滿行李的單車站在樓下大門外，等待著卡拉來接我。

卡拉下樓來接我後，我們還沒上樓到她家裡時，就先用中文小聊幾句，我講到隔天離開倫敦，會一路往北騎向蘇格蘭之際，卡拉頓時微笑，表情意味深長的用中文回覆：「歡迎去我的國家。」

一聽到這句，立刻就知道卡拉是蘇格蘭人！她是我在英國遇到的第一位蘇格蘭人。

把單車鎖在公寓庭院後，我帶著行李上樓進入卡拉家裡，進門就看到兩輛單車擺在走道上，也見到了她的男友理查（Richard），家裡的空間其實不大，就一個房間、一個衛浴間和客廳，所以我這晚是在客廳打地鋪。

等我放好行李後不久，我們三人便一起吃晚餐，菜色是生菜沙拉配薯餅，味道簡單清爽，吃飯的同時，我談到剛到倫敦前兩晚，作客的主人是劍橋大學畢業的，引起卡拉的興趣。

01 ｜ 02 01 離開倫敦前，跟卡拉和理查的合照；02 二〇一八年四月十二日，跟卡拉和理查在台北華山文創園區的合照。

　　卡拉直接問：「妳覺得劍橋大學和牛津大學，哪一所比較好？」

　　我一聽這提問在心中默想：「不會這麼巧吧！難不成……。」但同時我仍接續回答：「兩間在臺灣都很有名，不過劍橋大學在一個中國詩人寫詩介紹下，比較多人知道。」

　　卡拉也接著回：「我是牛津大學畢業的，不過我的爸爸和哥哥是讀劍橋大學畢業的。」

　　確定卡拉是牛津大學校友後，我不禁在想：「怎麼在倫敦找個地方免費住和過夜，會一直遇到接待主人都是英國名校大學畢業生？這太神奇了！」

　　後來我也好奇地問卡拉：「妳為何會想學中文？」

　　卡拉回覆：「我在牛津大學讀書時，學的是音樂，主修樂器是黑管，然而大學畢業時，自己沒有想從事音樂相關的工作，於是決定先學其他外語，再為工作做打算。我決定要學亞洲語言後，在中文和阿拉伯文之間抉擇，最後考量到阿拉伯文化較不尊重女性，未來如果要留學不是理想選擇，就決定學中文了。」

　　卡拉也聊到她是去英國在亞洲語言教學最專業的學院──倫敦大學的亞非學院，學了一年中文後，就申請到臺灣的獎學金，二〇一〇年有在臺灣師範大學的華語中心，學過一年中文。

一聽到她曾到自己大學的母校學中文，換我忍不住好奇多問：「妳在師大學中文時，有參加大學的社團活動嗎？」

卡拉說：「有啊！我是參加合唱團。」

看不出大學專業和休閒活動都是音樂愛好者的卡拉，為何會對從事單車旅行有興趣？我忍不住再針對這點提問。

卡拉說，結束在臺灣學中文的生活返國後，她到倫敦的一所私立小學教中文，認識了一位男同事並交往，就是現在的男友理查。理查喜歡在學校放長假時，去海外自助單車旅行，理查曾獨自從英國騎到土耳其，也去過埃及和敍利亞自助單車旅行，於是她就跟著經驗豐富的理查一起從事這項活動，才會開始單車旅行。

而在我隔天要離開倫敦北上蘇格蘭的同時，卡拉和理查兩人，也即將用一個月的時間，從英國騎到西班牙。

他們接著分享有計畫隔年八月要結婚，並安排二〇一八年三月底要到臺灣蜜月旅行兩週，會在臺灣東部單車旅行，這也會是他們初次在臺灣單車旅行。

因此我們還互相交流，在各自的國家該如何安排單車旅行路線，理查開電腦秀給我看可查詢英國全境單車道的網站 sustrans；而我則是把帶來歐洲原先作為跟人交流、介紹用的一張臺灣地圖送給他們，也提醒在臺灣東部的警察局都可去裝水和借打氣筒，對單車客非常友善，可去拜訪。

隔天早上，吃完早餐烤土司抹果醬，大家各自打包好行李上單車，留個合照紀念後，彼此就分道揚鑣上路，我往北走，他們往南走，期待下次臺灣見。

過了兩個月後，正當我的歐洲單車旅行騎入巴爾幹半島之際，結束南歐單車之旅不到一個月的對方，就傳訊息說已經訂了來臺灣的機票。

❖━━━━◆━━━━◆━━━━◆━━━━❖

二〇一八年四月十二日，我邀了來臺灣蜜月旅行的卡拉和查理，大家一起在台北華山文創園區相見，並在園區內的咖啡廳喝下午茶敍舊。

他們前一天才從台東回來，聊在臺灣的蜜月旅行，有在台北的河濱騎單車一路到淡水，以及從花蓮騎到台東，並特別謝謝我有推薦單車旅行花東縱谷的 193 線道，親自去騎覺得風景超美，但也苦笑剛好遇到臺灣四月初的清明連假，那幾天在東臺灣的旅行住宿都不好找，只好去住青年旅舍了！

我則是分享當時離開他們在倫敦租屋處後的第一晚，就找不到預算能接受的住宿，去睡英國公園野營過夜；再過一天騎到劍橋時，又逢八月英國的旅遊特旺季，當地住宿超難找，不得已找了一間民宿住，是我整趟歐洲單車之旅在住宿上，花費最貴的一晚。

相聊各自的旅程下來，卡拉還特別分享碰面前的這天早上，她有去台北永樂市場，為了買八月結婚時要穿的婚紗，理查則從一旁的背包裡拿出他們買的臺灣婚紗，一看那是套非常精細的手工縫製旗袍。

卡拉接著解釋：「在臺灣買這套婚紗約 300 英鎊（約 12,470 台幣），但是在英國買一套婚紗要 1,000 英鎊（約 41,555 台幣）。」

而我自己也大開眼界，原來臺灣會讓外國朋友想買的物超所值的伴手禮中，居然有「婚紗」這一項！

最後要道別前，大家除了合照留念，卡拉送我來自蘇格蘭的餅乾；我則是協助他們確認接下來要去的一間運動中心位置和交通方式，才珍重道別，祝福他們好好享受在臺灣的最後兩天旅程。

沒想到人生會因為到英國單車旅行找尋借宿時，有緣認識英國名校大學的校友，甚至相約臺灣見，**要說自助旅行最有意思的，就是能遇到各式各樣的人，而且是意想不到的人，那都能成為彼此人生中一隅風景、難忘的旅行故事。**

「熱水澡」對單車客來說，不只能省錢，接待主人們各個臥虎藏龍，尤其在食物難吃聞名的英國，更是美食綠洲所在。

雨中的鄉間酒吧

雨中的英國鄉下街景。

　　原本以為在旅程中被大雨淋到溼透又遺失東西的一天，會只剩下狼狽糟糕的回憶，沒想到卻在我主動向一家鄉間酒吧求借宿一晚後，遇到會懷念一輩子的英國鄉下人情味。

雨裡出走的早晨

　　往年的八月八日，如果人在臺灣的話，會和家人一起聚餐過父親節；然而，二〇一七年父親節，我獨自遠在英國，面對整日的滂沱大雨。

　　這天一早，六點半不到就醒來，可聽到淅瀝嘩啦的水滴拍打在帳篷上的聲音，得知外面正下著滂沱大雨。內心知道下大雨不是騎單車的好天氣，停下來休息會比較好，一人的旅行可以很自由做這樣偷懶的決定，但自己這天卻決定要在大雨中趕路。

因為前一晚來到 Hartsholme Country Park 這個公園的露營區，是在晚上管理處關門後，悄悄來紮營，決定趕在管理處早上九點開始營業前離去，省下一晚住宿費，於是快速地把前一天傍晚在超市買的肉派撕碎攪拌著沙拉當早餐吃完，就趕緊在雨中收拾所有行李，打包好上單車啟程。

🚲 比溼透衣服更心灰意冷的事

在大雨中騎車趕路，即使身上穿防水夾克、雨褲和雨鞋套做好外部防水，但在騎乘時，身上仍會運動排汗，無法避免衣服內外溼透的情況。

但比起一路上全身溼的難受，當自己半途停下來休息時，發現綁在車後座上的帳篷地布居然掉了，這讓人心情瞬間跌落谷底，因為我是個對東西遺失會容易感到懊惱的人。

但在遇到不如意的事，該如何面對及趕緊調適心情，本來就是自助旅行很容易遇到的課題。我在事發當下懊惱為何會遺失東西幾分鐘後，就立刻轉念安慰自我：「幸好不是帳篷掉了，少了那塊地布，帳篷仍可以撐著用。」不讓這事繼續擾亂心情。

但其實我在這天下雨又遺失地布之外，還一度被 Google 的單車地圖導航，晃點到一條泥濘小徑，一開始想說無法騎乘，牽車走過去就好，但是越走越覺得不對勁，開始擔心後方泥濘會深到牽車也很難走，於是做出了歐洲單車之旅上路以來，第一次「掉頭折返換路走」的決定。

儘管心情難免無奈，怎麼可以掉東西，還被導航晃點走到泥濘路，好像所有倒霉事，都在下雨天騎車這天一起遇上，但是在英國最難忘感動的一晚，也同樣發生在這天。

🚲 雨中的英國鄉間酒吧

傍晚六點半騎在鄉間小路裡，評估今日無法在天黑前到達預定的目的地，加上在逆風、大雨下騎一整天，人已疲憊不堪、身上又剩沒多少飲用水下，

一見路邊有間旅店 Sloop Inn，且內有一大片草地和多輛露營拖車停放，我當下決定直接進店詢問，能不能在此搭帳篷休息過夜。

用忐忑不安的心跟人在酒吧台的店主老先生詢問後，對方立刻同意讓我在店外的花園草地搭帳篷，使我不用再煩惱這一晚的落腳處，頓時諸事不順的一天，總算有一件好事。

在這旅店內，沒有浴室無法洗熱水澡，還好店內有燒著木材的烤爐，能讓我烘乾全身溼答答的衣服和取暖，甚至在我坐在一旁休息時，店主還招待我免費的現烤鳳梨火腿披薩和啤酒作為晚餐，盛情難卻到讓我這突然跑來這要求借宿的陌生人，實在不好意思接受被免費款待餐點，希望餐點部分自費，於是他們用超優惠的價格，象徵性的跟我收 3 英鎊（約 150 台幣）。

這一晚上能窩在布置及裝潢古典的酒吧取暖，吃東西、喝啤酒，跟鄉村老人家聊天，即使對方帶有口音的英文無法聽懂全部，但這樣道地的英國鄉間生活，帶給我在異國旅行時的簡單幸福。

在英國，從城市到鄉間普遍都有酒吧供人聯誼社交，鄉下地區的酒吧，大多附設在露營區或旅店裡。在臺灣若非別人邀約，我一點都不會想去酒吧，因為費用往往偏貴，更不是自己的生活日常；但在英國去酒吧喝一杯，是本地人的生活日常，值得專程去體驗一下，尤其是鄉下地區的酒吧對單車客更實際的是：「這裡能順便把電子產品充電，當然要來！」

01　02　01 借宿旅店內的火爐，烘乾溼透的外套和雨褲；02 跟旅店主人和客人喝酒聊天的合照。

🚲 在英國吃到最幸福的食物

在大雨又逆風中重裝單車踩了快九十公里後的隔天，在帳篷醒來時全身累到不行，頂著疲憊的身軀收拾行李，摸到快中午才準備要上路。出發前，讓我搭帳篷、借宿庭院一晚的旅店女主人，好心地免費提供熱咖啡、核桃巧克力和熱狗三明治，就靜靜地放在庭園木桌上，當我的早午餐，甚至我忙著收拾行李，沒馬上喝的咖啡變涼了，對方還重泡一杯熱咖啡，真沒想到晚起的旅人會有這樣的福利，這一餐吃起來已經不是食物的美味，而是品味英國鄉間人情，那滿滿的溫暖。

離開時，昨晚在酒吧束著髮，一臉酷酷的當酒保的店主人兒子，這天則放下頭髮，一頭飄逸的長髮還帶著親切的微笑，幫我一起牽著載滿行李的單車離開花園，有帥哥祝福我旅途順利，讓自己對這間旅店的美好回憶，又再加分。

人生不知會不會再來這種鄉間旅店，但如果我對英國鄉間有美好回憶，絕對與這間從一七五八年就開始在營業的百年老店 Sloop Inn 有關，我是在離開這間旅店時，才看到酒吧屋頂上的招牌標示開始營業的年分，確認店主人說他們已經營業超過兩百五十年不是開玩笑。

來英國旅行之前，有看人分享英國人的個性就像他們國家的天氣，常常陰鬱又溼冷，給人距離感，但在單車旅行的途中，在雨中偶遇這間鄉下旅店的人們，使我覺得英國人其實是沉穩但不失溫情，也讓我體會到，其實人與人的相處回歸簡單真誠就好，這是一種讓雙方都能保留自己空間的自在相處模式。

後語 TALK

那天在大雨中騎著單車，也見到幾位帥哥在路邊慢跑，加上旅店的帥哥酒保，回憶起來，是在英國遇最多帥哥的一天。

01

02

01 在英國被招待最美味的一餐；02 Sloop Inn 的外觀。

踏尋《哈利波特》創作足跡

英國
ENGLAND

據說是《哈利波特》中的斜角巷雛形的愛丁堡維多利亞街（Victoria Street）。

　　單車旅行進入了蘇格蘭地區之後，我也造訪了愛丁堡（Edinburgh），這個蘇格蘭地區的重鎮，這裡是小說家 J. K. 羅琳（J. K. Rowling），創作出世界知名小說《哈利波特（Harry Potter）》的寫作地。

 邂逅《哈利波特》的誕生地

　　對我來說，在我閱讀過的英國文學作品裡，最喜歡的就是《哈利波特》，這個以魔法世界大冒險為主題的小說。《哈利波特》的系列小說共有七集，從一九九七年開始出版至今，據說在全世界的書籍銷售量，僅次於《聖經》和《毛語錄》。

　　自己會看《哈利波特》的契機，是以前讀國中時，有一年的寒假作業指定要寫兩篇閱讀心得，剛好當時《哈利波特》的中文版出了兩集，也在學校給的閱讀清單上，所以我就選這兩本小說來看，這才開始認識這部小說。

看《哈利波特》時，自己最喜歡的場景，是作者在小說中敘述，在霍格華茲學院的餐廳內，會用魔法變出各式豐盛的冷熱佳餚，在餐廳上方有成千上萬隻飄盪在半空的蠟燭照亮餐廳，餐廳內的四張桌子上，擺著熠熠閃光的金盤和高腳酒杯，迎接著校內學生們在此共享餐點。這是以前翻書時，最常重複翻閱的段落，看到都好想跟著鑽入書中世界，當魔法學院的學生，去校內餐廳上坐著享用美食。

在臺灣看小說時，知道這部小說來自英國，但對於愛丁堡是《哈利波特》的作者 J. K. 羅琳（J.K.Rowling）寫作地一事，是一直到我停留在這座城市的第三天，跟著當地的徒步導覽，走入了一個景點才認識到。

🚲 魔王名字的所在地

在愛丁堡徒步導覽的行程裡，導覽員羅伊（Rory）帶我們去了市中心最知名的墓園「灰衣修士教堂墓地（Greyfriars Kirkyard）」。

此時，駐足在陽光灑落、綠草如茵的環境下，就算在墓碑林立的墓園裡，也不會覺得陰森。當我站在一隅聽導覽時，羅伊突然聊到一個我聽得懂也非常熟悉的關鍵字：「Harry Potter（哈利波特）。」

他講起以前《哈利波特》的作者 J. K. 羅琳在灰衣修士教堂墓地旁，步行距離不到五分鐘的大象咖啡屋寫作時，也會來此走走散心。

01 牽單車漫步在愛丁堡街上；02 哈利波特小說人物名字來源：灰衣修士教堂墓地；03 大象咖啡館外觀；04 大象咖啡館內部。

| 01 | 02 | 03 | 04 |

接著羅伊帶著大家走到一塊墓碑前，指出上面寫著的一個名字「Thomas Riddell（湯姆斯・瑞斗）」，跟大家說明這是在《哈利波特》小說裡想掌控魔法世界的大壞蛋「佛地魔（Lord Voldemort）」的本名，是墓園裡一位安息者的名字，J. K. 羅琳在這散步見到後，引用為小說人物的名字。

《哈利波特》第二集「消失的密室」裡，有提到佛地魔厭惡賦予他名字卻一點感情都沒有的父親，在哈利波特進入他的筆記裡，見到佛地魔學生時代的樣貌之際，佛地魔用魔杖寫下他的本名為湯姆・魔佛羅・瑞斗（Tom Marvolo Riddle）後，再用魔杖一揮重組名字，即為「I AM LORD VOLDEMORT」（我是佛地魔王），展示出了他在改名前的本名。

🚲 大象咖啡屋

聽完兩小時的徒步導覽後，人也累了，加上肚子餓，就過去 J. K. 羅琳昔日寫作時待過的大象咖啡屋，一到門外即看到店家有特別用中文標示哈利波特誕生地，看來到此朝聖的華人遊客超多，多到進店內拿菜單時，菜單上竟然同時列出中文和英文。不過有趣的是，菜單上的中文是用繁體字而非簡體字，看來當時翻譯者應該來自臺灣或港澳地區。

我點了牛肉千層麵和自製餅乾後，坐在靠近門口旁的窗台用餐，這位置下有充電插座，很適合自由工作者帶筆電在此工作和處理事情，但是自己沒帶筆電出門，只有帶智慧型手機，所以吃完餐點後，我持續坐在位置上，並用手機記錄前一晚觀賞愛丁堡軍樂表演的心得，體驗一下 J. K. 羅琳曾在此寫作的感覺。

我原先以為在咖啡館寫作是一件浪漫的事，但體驗下來，發現自己會想看咖啡館裡的其他人在做什麼事，或是單純想要享受這空間的氣氛，反而容易分心，影響寫作專注力。

我可能不適合在這樣的空間寫作。

其實單車旅行上路以來，我最常打字寫遊記的地方，不是在青年旅舍的床上，就是在帳篷裡的睡墊上，還常常是在一早醒來有精神的時候，連早餐也不吃，趕緊寫記錄，之後才準備繼續上路。不然騎完一整天單車，或是在外從事其他整日活動後，自己往往累到很難有精力寫遊記，常常打字打到一半就睡著。

要是單車旅行能有魔法

離開大象咖啡館後，我繼續漫步在愛丁堡舊城區，朝聖哈利波特魔法世界的空間雛形，小說裡巫師們買魔杖的斜角巷場景，到霍格華茲的四大學院分類和代表顏色的構想靈感，J. K. 羅琳也是取用這裡的風景作為架構。

走在這座孕育出《哈利波特》中的魔法世界的城市裡，我幻想著要是單車旅行能有魔法的話，蠻想在騎乘長距離的一天後，可以唸咒和魔法棒揮一下後，馬上變出各式食物來吃，省去超市選購食材和烹飪的時間；露營的時候，帳篷能自動搭好和收起來；在多雨的英國遇到下雨時，可以唸防水咒，且施展在全身上下，省去常常要從單車後座的行李中，抽出雨衣穿戴的麻煩；單車騎累之際，或是遇到上坡不想騎時，可以把單車變成飛天掃把來騎，完全不用踩踏，輕鬆前進。

以上這樣的單車旅行魔法夢，要是能在英國實現的話，相信在英國單車旅行，應該會是世界上最愜意輕鬆的事！

後記 TALK

如果一開始知道愛丁堡有《哈利波特》的創作足跡，並去拜訪，自己不會有驚喜感。旅行不期而遇好事，才格外難忘。

威
廉
堡
之
約

威廉堡的街景。

英
國
ENGLAND

　　在英國這段單車之旅的目標，自己設定是到達蘇格蘭高地的威廉堡（Fort William），跟大學時代在單車社相識的英國朋友藍迪敘舊。跟藍迪相見下來，一吐自己單車旅行下來對英國最難忘的點後，令她忍不住會心一笑。

🚲 往威廉堡的路上

　　與藍迪相約見面的這天，一早從布萊爾城堡露營區（Blair Castle Caravan Park）出發。這裡距離威廉堡約一百一十公里，是一段蠻長的距離，也將進入蘇格蘭高地的範圍。才啟程不久，一段自行車道入口處，還有特別立牌提醒：

Weather conditions deteriorate without warning and can be severe even in summer. No food or shelter for 30km. No snow clearance or gritting on cycle track. （在夏天這路段的

蘇格蘭高地的風景。

氣候可能會無預警的出現劇烈變化，接下來三十公里沒有任何食物和遮蔽處，下雪也不會清理任何砂礫或鏟雪。）

　　儘管身上帶的水和食物非常充足，但初次在海外單車旅行看到這種告示牌的當下，仍會有點緊張──要進入英國政府單位認定算荒野的地方，但確定要繼續向目的地前進，就仍要勇敢地跨出那一步往前騎。

　　一騎下去，我看著路段的風景，有遼闊綿延的綠茵山丘和河川流過其中，在自行車道下方還能見到鐵道，這一刻有幾分神似臺灣的花東縱谷，這是在英國單車旅行裡，覺得自然風景最壯麗的一段。

　　趕路到威廉堡的路上，也有在想為何藍迪會選擇離開倫敦的家鄉，移居到蘇格蘭？我想或許就是蘇格蘭的風景吸引住了她吧！

　　「藍迪」是她學中文時取的名字，她的英文本名是迪安娜（Deanna），英國倫敦人，倫敦大學中文系畢業。

與藍迪初次相遇，是在二〇〇八年九月初，自己大學四年級開學前，於大學社團博覽會協助單車社擺攤之際，藍迪和一位美國男孩一起來攤位閒聊，留資料時相識，當時他們的中文非常流利，溝通上不需要講任何英文單字。

　　後來邀到藍迪一起參加單車活動，一起在臺灣的雙十連假期間，去東北角單車旅行三天兩夜，且騎到貢寮的澳底看海閒聊之際，才知道藍迪之前到過中國北京學中文，遊過新疆、雲南，她會來臺灣學中文是因為有申請到獎學金。

　　藍迪結束臺灣留學返回英國前，還有獨自一人騎單車環臺灣旅行兩週，是我在臺灣遇到的外國女生裡，做到這件事的第一人，所以對她印象特別深刻，我欽佩她在海外騎單車探索世界的精神，期許有一天能做到像她一樣的事，甚至造訪她的家鄉，英國。

　　一轉眼我都過了三十歲，才終於踏出自己的那一步來到英國，從倫敦啟程單車旅行，騎了超過一千公里，費時兩個多禮拜，終於在八月二十日晚上九點天色將暗之際，到了她在威廉堡的公寓住處。

🚲 特製的蘇格蘭風味料理

　　初次造訪英國並和藍迪再相見，我在她於威廉堡的租屋處作客，住兩晚，她和她的男友史蒂芬（Stephen）接待我，聊他們是在一年半前搬到這裡居住，原因是在英國旅行時，特別喜歡蘇格蘭高地的風景，毅然決定移居到此。聽到這時，我心想，跟我在路上猜想的一樣。

　　當天在邊用晚餐，邊敘舊閒聊時，藍迪表示很開心我來英國拜訪她，看到我讓她想起了在臺灣的時光，那是她這些年來最快樂的日子，尤其是一起單車旅行借宿臺灣鄉下學校的體驗，一直是她很難忘的事。

　　而在藍迪家作客的時光，特別難忘的是，吃到她的素食料理手藝，她自己還煮了一道蘇格蘭傳統料理：哈吉斯（Haggis）。這道料理中文又叫作肉餡羊肚，或稱羊肚雜碎布丁。傳統製法是先將羊的胃掏空，裡面塞進剁碎的羊內臟，例如，心、肝、肺，再加上燕麥、洋蔥、羊油、鹽、香辣調味料和高湯等，製成袋，水煮約三小時，到鼓脹而成。如今餐館普遍會把羊的胃袋在上桌前去掉，只留下羊雜給客人享用。

藍迪的素食版的哈吉斯餡料千層麵，是用扁豆來代替羊內臟烹煮，也沒有把餡料塞入羊胃水煮，不是用傳統料理的做法煮成，但是獨家的素食版哈吉斯，美味到也是讓我吃了好幾份，這是自己在英國旅途中，品嚐到最獨特的蘇格蘭風味料理。

要說在常被消遣以食物難吃而聞名的英國，想吃到美食，最好的方式就是在當地人家作客。不過跟藍迪在臺灣相遇時，記得她在飲食上並沒有吃素的習慣，讓我好奇問她為何現在會吃素？

藍迪說：「因為吃素對環境比較好，能顧到環保。」

聽到這樣的吃素理由，跟臺灣人普遍出於宗教信仰和照顧身體健康的觀點，相當不同，蠻欽佩她為了這理念而吃素，讓人不禁思考起吃素的多元理念。

🚲 英國的雨

見到藍迪後，自己在英國單車旅行也將進入一段尾聲，我也告訴了她，在她的國家騎單車的心得。

在英國單車旅行最難忘的就是天氣：下雨。

我在英國的二十四天，就有超過一半的天數遇到下雨。旅途中不管白天或晚上，都常碰到下雨，對我來說，英國夏天多雨溼涼的氣候，就像是台北的冬天。

在英國單車旅行到後來，行李無論如何放，防水夾克、雨褲和防水鞋套，記得放在最好拿取的位置準沒錯。即使我在單車行李上做好防水，但在大雨中未特別收起的單車前燈，仍然在這國家被雨水淋壞。

我接著跟藍迪開玩笑說：「英國的晴天特別美，因為太常下雨，不容易見到晴天！」

一向優雅沉穩的藍迪，一聽我這樣形容她的國家，也忍不住多笑回應：「妳說得很對！」

後來歐洲旅程結束，返回臺灣後，我尋找寫作靈感時，好奇翻閱了一位

01 藍迪特製的素食版蘇格蘭傳統料理：哈吉斯（Haggis）；02 從威廉堡開往倫敦的長途跨夜火車；03 體驗Nevis Range度假中心體驗樹林探險，藍迪當時在那擔任指導員。

在一九二七年去環遊世界一年的臺灣人所寫的遊記，他在旅途經過的十六個國家中，只有對英國氣候描述特別細膩：

「未到倫敦之人，告之降雨之多，天氣之寒冷，人亦必不信。余在倫敦正是三伏溽暑之節，十日之中，降雨有十之六七，陰翳有十之二三，自朝至暮得見日光，不及十之一⋯⋯。」

這位記錄英國常下雨的旅人，即為曾在日治時代推動臺灣自治運動出名，有「臺灣議會之父」之稱的林獻堂。

看到這些內容時，驚訝原來不是只有自己騎單車時，對英國的雨特別難忘，快一世紀前的臺灣人去英國遊歷，也見到相似的情境，剛好我們都是在夏季，英國人口中的「好季節」造訪這國度，林獻堂是於一九二七年六到九月停留九十九天，我是二〇一七年八月時停留二十四天。

後語 TALK　英國的多雨和外食，讓長途單車旅行更有考驗和砥礪身心，很容易累積人生故事，只是自己不會輕易說想體驗第二次。

騎單車遊博物館

荷
蘭
NETHERLANDS

阿姆斯特丹街頭的花與單車。

　　來到荷蘭這個人人口中的自行車天堂、單車王國朝聖後，在阿姆斯特丹停留時，我發現騎單車逛博物館，才是最享受的事，拜訪的三間博物館，每一間都令人念念不忘。

🚲 醉心的荷蘭風景

　　在荷蘭的單車旅行到達首都「阿姆斯特丹（Amsterdam）」後，很容易見到成群的人們騎著單車，甚至過市中心部分路口時，經常會跟滿滿的騎單車人群一同等待紅綠燈，當綠燈一亮，大家一起向前騎的那一刻，瞬間以為自己是來參加環法自行車賽。

　　行經市區最熱鬧的觀光地區，到處都見得到單車，停放在街邊或運河邊，見識到世界單車之都的美名，不只是單車道設施規劃完善、騎乘單車的人口眾多外，見不到任

何一輛單車是生鏽和輪子破胎漏氣的，無所不在的單車美感，讓人欽嘆：**單車在這座城市裡，不單是交通工具，更是公共藝術。**

原先在阿姆斯特丹街頭看單車，就已經是足以令人著迷的荷蘭風景，但是自己更醉心於這城市的博物館。

光阿姆斯特丹一座城市，就有超過五十座的大大小小的博物館，主題非常多元，甚至有博物館的參觀套票能買，在博物館觀光的規劃上，是我在歐洲旅程造訪的城市裡，做得最完善的。

停留在這城市的期間，我抉擇參觀了三間博物館：梵谷博物館、安妮法蘭克之家博物館、荷蘭海事博物館。

這三間博物之間各距離約三公里，是走路覺得遠，騎單車穿梭剛好的距離，也比搭觀光巴士或電車來得便捷，因此在荷蘭阿姆斯特丹遊博物館的時光，單車是前往各博物館參觀的最佳助手。

梵谷博物館

第一間參觀的梵谷博物館，想來朝聖的原因，是自己特別喜歡這位出生自荷蘭的畫家，他的傳奇人生故事，以及他那狂野且筆觸深刻的油畫創作風格。

館內展出的眾多畫作中，我印象最深刻的是看到一幅畫出漢字對聯的油畫《雨中的橋（仿歌川）》，這幅畫是仿日本浮世繪版畫。不少遊客見到這幅畫時，特別拿出相機不開閃光的拍攝，眼神中傳達出跟我一樣驚奇：「為何一個歐洲畫家會在創作中畫漢字？」

梵谷（Vincent Willem van Gogh，一八五三～一八九〇）一生都未去過亞洲，他在決定要當專職畫家前，曾短暫的當過藝廊賣畫的銷售員，因此接觸過日本的浮世繪，並著迷上這型式的藝術，所以才會在他後來的創作中融入浮世繪。加上梵谷不懂漢字寫法的筆順，是自行試著描畫出來，這反倒讓他畫作裡的漢字，有著獨特的藝術感。

梵谷的畫作裡，也有經歷過轉變，用色和筆觸狂野的創作，幾乎都是他晚年的作品。

01 02 01梵谷博物館外觀；02畫作《雨中的橋（仿歌川）》的明信片。

　　以前在讀大學時，有次偶然和一位主修油畫的美術系學妹聊天，談到自己喜歡梵谷色調鮮豔的油畫時，對方卻一臉無奈地說：「自己油畫作業趕不出來之際亂畫時，也是畫像梵谷那樣！最奇怪的是，認真且慢慢畫的作品，有時還不如倉促亂畫的作品分數高！」

　　經主修油畫的學妹一說，有點像消遣油畫在倉促創作時，人人都可以是「梵谷」？儘管和學美術的人聊梵谷，看似得到有點無厘頭的回覆，卻也有點理解梵谷晚年飽受精神疾病所苦，應該是一直活在擔憂畫不出作品的焦躁精神狀態下，才能大量創作出佳作，最終卻因受不了壓力，選擇自殺，結束他三十七歲的一生。

　　梵谷一生看來悲劇性極強，然而他的勤奮，才是他的畫家生平中最精采動人的故事。畢竟相較於多數從小就開始學畫和創作的畫家，梵谷是二十多歲才開始學習和創作，但仍在他短暫十年的創作人生中，留下大量作品和永恆藝術，這也讓我們見證他對繪畫的熱情和天分是相互輝映的。

🚲 安妮之家博物館

　　第二間參觀的安妮之家博物館，是自己在歐洲單車旅行中，唯一走訪和第二次世界大戰時期德國納粹迫害猶太人有關的歷史景點。

安妮之家博物館，是寫下「安妮日記」的猶太人作者安妮（Anne Frank，一九二九～一九四五），在第二次世界大戰期間和家人躲避德國納粹政權迫害，到被密報逮捕抓走前，所居住過的房子改建而成。

　　這是在荷蘭排隊人潮最多的博物館。以前聽朋友分享帶夏季遊學團來荷蘭時，這間博物館在外要排超過一小時才能入內參觀，換成自己來訪，足足在館外排了兩小時才進入。

　　在展區內不能攝影，只能用眼看，並在心底記住和感受：安妮這小女孩在幽閉的閣樓中，努力在日記中寫下懷抱希望的每個字的情境，會

03 安妮之家博物館和排隊人群；04 安妮日記一書的中文版。

更扼腕她無緣撐過第二次世界大戰末期德國納粹對猶太人的迫害，活著並實現成為一位記者的夢想。但她十五歲逝世後留下的日記，替她實現了寫作能分享給大家的作家夢，如今已被翻譯成六十七種語言，銷售全世界超過三千萬本。

　　看完展從館內出來，脫離為了躲避被納粹追捕，並藏身空間的情境，在館外可以自在的行走和呼吸，看著眼前運河上的船緩緩駛過去時，當下覺得人生好像又活過來一次，原來自由生活的滋味是如此幸福。

荷蘭海事博物館

　　三間博物館參觀下來，最令自己感動的是最後一個參觀的荷蘭海事博物館。

　　位在運河畔上的荷蘭海事博物館，從館外就能看到荷蘭東印度公司昔日揚帆於世界的商船，它原尺寸模型就停泊在運河上，看到這艘船的那一刻，彷彿親眼見證十七世紀的臺灣史躍上眼前！

荷蘭海事博物館。

　　這型號的船曾經在四百年前，航行上千公里到亞洲，停駐在太平洋上的
臺灣島，也帶入了荷蘭人短暫統治這座島嶼的時光，讓臺灣開始出現在西方
的世界地圖上。

　　這艘模型船上的荷蘭國旗還印著 V.O.C 的標誌（Vereenigde Oostindische
Compagnie，荷蘭東印度公司），也能實際入內參觀，而且館內導覽機可選中
文聆聽，了解商船構造和船員生活，想像這些荷蘭商船上的人們勇闖未知海
域，並在異地生活的心境。

　　步行在船上的時間，我特別喜歡看有關船上飲食的介紹，畢竟長時間待
在海上，飲食該如何處理也是門學問，細看下來覺得最特別的是上層的船艙
有燒烤區，烤雞和烤麵包都不是問題。

　　進入下層的船艙，可見到橡木桶裝的蘭姆酒一桶一桶地展示在儲藏區，
看到這情景，第一時間就讓我聯想到自己非常喜歡的海盜系列電影《神鬼奇

航》裡的主角傑克船長，他總是習慣手拿著一瓶酒，走起路來總是像喝醉般微醺搖晃的身影，而在劇情設定裡，他喝得就是蘭姆酒。

為何酒精飲料在海船上會成為必需品？尤其又以蘭姆酒特別受歡迎？主要因為用甘蔗作為原料來發酵和蒸餾製成的蘭姆酒，沒有儲存期限，味道辛辣刺喉，價格便宜，對壞血病等海上職業病有抑制的功效，酒精也能對在船上放置已久的淡水殺菌消毒，所以很受生活在艱苦環境的水手和海盜的青睞，有的船長甚至用蘭姆酒作為發放給水手的工資。

下船後，進入昔日軍械庫改裝成的博物館內參觀，到了二樓的世界地圖展示區時，最驚喜的是館內珍藏展示的十七世紀世界地圖真品中，臺灣島的名字是標註「Formosa（福爾摩沙）」！當這個歐洲人最早稱呼臺灣的名詞，由四百年前的製圖者親筆寫下的字出現在眼前時，我真實地在紙上相遇了地理大發現時代下的臺灣，能親眼見到如此珍貴的第一手史料[2]，讓來自臺灣的我很難不感動，**我在遙遠的異國，邂逅了故鄉歷史身影。**

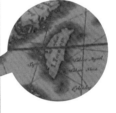

四百年前的手繪地圖上，標記著臺灣是福爾摩沙（Formosa）。

在荷蘭阿姆斯特丹買門票逛博物館和外食，成了歐洲旅程裡，平均日開銷最高的時光，騎單車省交通費絕對超值。

---

[2] 第一手史料：歷史學上，第一手史料是指當時的人直接記錄的資料。這些原始史料是未經處理，不是為某些研究主題而存在。

單車露營點滴

荷蘭

NETHERLANDS

在羊角村露營區內的運河旁野餐。

　　在荷蘭單車旅行的時光，自己住過的四個露營區，我各自與它們有不同的鮮明回憶：有大開眼界遇到超多單車客的露營區；有入住國籍硬是被填中國的；有風景超美的熱門觀光景點的露營區；也有一輩子忘不了的祝福。

🚲 遇到最多單車客的露營區

　　八月底到荷蘭單車旅行，是荷蘭夏季觀光旅遊的旺季，首都阿姆斯特丹的青年旅舍，也是爆滿旅人住宿，就算睡多人房，一晚仍要價快30歐元（超過1,000台幣），讓本來想住市中心方便參觀周遭景點的我，在住了一晚後，趕緊換去距離市中心將近十公里的Camping Zeeburg Too露營區住宿，節省旅費。

　　在這露營區辦理住宿時，還領到了一個號碼牌，得要掛在自己的帳篷上，在進入露營區看到裡面的帳篷和單車數時，居然有超過二十頂帳篷、快十輛單車，同在一片綠茵草

地的露營區裡。之後到旅程結束，我也不曾在任何歐洲露營區領到號碼牌且掛帳篷上，以及見到如此多單車客共同露營。

難得在露營區遇到這麼多單車客，不過在自己沒有試著主動去搭訕聊天下，彼此間也沒有交流，是回顧住這露營區下來，覺得有點可惜的地方。

🚲 把入住登記國籍寫中國的露營區

離開阿姆斯特丹後，在一路往德國方向騎的路上，於傍晚的時候抵達了 T Oppertje 這個露營區，我一如往常地去門口的服務處登記入住和繳費。

在歐洲只要是外國人到旅館、青年旅舍、露營區住宿，普遍都會要求出示護照作記錄，負責登記的人一般看了我的護照後，都會直接在國籍欄上填臺灣（Taiwan），不會再多問我什麼，唯獨在這露營區遇到了不一樣的狀況。

櫃檯服務人員拿了我的護照翻到內頁後，一臉納悶的表情說：「護照封面的國名是臺灣國（The Republic of Taiwan），裡面是中國（The Republic of China），真是奇怪！」

還未等我多說任何解釋，服務人員就武斷地在我的眼前登記資料，並在國籍欄上寫「China（中國）」，完全沒有問我為什麼護照封面和內頁會有差異。當下我的感覺很不高興，但我急著要趕去快要關門的超市補給食物，於是就放棄多跟他多解釋，默默結完帳處理完登記資料後，就離開櫃檯，吞下了這無奈。

其實我獨自在歐洲旅行，有在護照外貼台中市默契咖啡店老闆陳致豪設計的「臺灣國貼紙」，遮掉護照封面的中國（China）字樣，方便需要出示護照時，第一眼就讓人知道我來自臺灣，以作為識別，甚至希望不認識臺灣的外國朋友詢問我來自哪裡。

然而，在這個荷蘭鄉下露營區，終究還是遇到看著臺灣護照內頁裡的中國字樣，認為你就是來自「中國」的人，而且自動認定我是來自他所能想到的中國——中華人民共和國，這直接牴觸到我對於國籍認同的界線。

在事後，我有點懊悔自己當下偷懶沒試著多用點耐心解釋，讓那一格國籍欄可以改回臺灣，但我更希望未來有一天，在海外需要出示臺灣護照時，

能不用額外說明我來自臺灣，不是中國，解釋為何世界上會有兩個中國，如此繞口令的話。

🚲 汽車禁入村落的露營區

在荷蘭有一個號稱是荷蘭版威尼斯的村落，布滿運河網絡，禁止汽車進入，只能雙腳行走、騎單車或是乘船通行，這地方叫「羊角村（Giethoorn）」，是非常知名的觀光區。

這村落裡有一個露營區 Camping d'Hof，住宿費一人 9.5 歐元一晚，願意多付 1 歐元的話，還能換取可洗澡十分鐘的兩枚代幣，而自己就花了 10.5 歐元（約 360 台幣）在這裡住一晚。露營地位在運河旁的草地上，入住的那一天，我很幸運一人地包場。

隔天一早，我把睡墊拉出帳篷外，放在昨晚下過雨有點溼氣的草地上，拿著剛泡好的熱紅茶、橘子、洋芋片和自製的長條麵包夾生菜鮪魚醬，愜意地野餐，看著野鴨在同一片草地上散步，當地人乘著馬達船悠閒地從眼前的運河行駛過去，沒有其他遊客的人影和喧鬧聲，這是我在這村落覺得最美好一刻。

待我要打包行李掛上單車準備離開前，才見到幾位大人帶著一群小孩，乘著馬達船到此上岸，開始搭帳篷展開他們的露營活動。一離開這露營區，開始騎單車在村落裡繞行時，也看到不少遊客乘船或騎單車，散落在這村落，村裡好幾間餐廳外頭，都有標示中文字菜單，歡迎遊客數眾多的中國觀光客到來。

如果來羊角村沒有住在這露營區，獨享一人在寧靜運河畔草地的早晨時光，我想自己對羊角村的回憶，只會是遊客很多的景點，不會深入感受到村落與環境和諧相處的自然之美。

🚲 遇到特別祝福的露營區

停留在荷蘭的最後一晚，我住在距離德國邊境約十公里遠的一座露營區 Camping 'De Klimberg。

羊角村風景。

　　抵達這露營區，在我搭好帳篷準備煮晚餐之前，忽然有一對荷蘭老夫妻主動過來跟我攀談，寒暄了一下後，老先生自介他叫亨德里克（Hendrik），且特別問我：「有宗教信仰嗎？」

　　我也老實回答：「沒有。」

　　亨德里克聽完我的回答後，分享他覺得有宗教信仰很好，信仰基督教對他有何幫助，不知為何一向對宣教沒興趣多聽的自己，當下卻靜靜地聽他分享，也不急躁他打斷了我原本要煮晚餐的節奏。

　　接著亨德里克特別拿出了他的名片，和一張上面印有著荷蘭語聖經經文的紙條，特別為我禱告，祝福旅途一切平安順利後，他就和太太一同離去。

　　等我吃完晚餐，處理完其他事務，有空看手機的時候，突然看到遠在臺灣的老媽在家裡的 Line 群組裡發出訊息：**孩子們！爸爸經過健康檢查後，明天安排在醫院動心臟手術，要一起祈禱爸爸的手術順利完成，他能平安康復！**

　　一直在我看到這訊息之前，老爸並未談過任何他要健康檢查和動心臟手術的事，在無預警之下看到這通知，讓我瞬間在想：「是不是該要提早結束旅程，回臺灣陪伴家人？」

畢竟家人要動重大外科手術，我卻還在海外旅遊，感覺就是不對！但再想一下，老媽到這一刻才通知我，應該是希望我不要中斷正在歐洲的單車旅行。於是我先回覆訊息，表達關心，並一起祈禱爸爸的心臟手術順利後，決定若沒有其他特殊通知，就照原定計畫，繼續進行穿越歐洲的單車旅行。

　　後來用線上軟體翻譯，亨德里克送我那張印有荷蘭語聖經經文的紙條內容是：

　　不要害怕，因為我與你同在；不要驚惶，因為我是你的神。我加強你並幫助你，我也用我的右手支持你。

　　不得不說遇到亨德里克主動來找我禱告祝福之後，就接收到家人動重大手術的通知，一切的巧合，讓人很難不相信冥冥之中真的有神在安排，覺得很不可思議！

　　感恩亨德里克的祝福奏效，讓我能靜下心來看待這重大的通知。後來爸爸的心臟手術進行順利也康復，我不用提前結束旅程返回臺灣，之後的一人歐洲單車之旅即使有遇到其他考驗，也沒有比家人要動重大手術這關，來得驚心動魄。

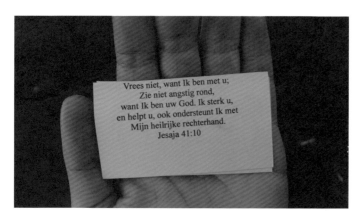

在荷蘭最後一晚收到的荷蘭語聖經經文祝福。

後記 TALK

露營區遇到的特別祝福，讓我相信人生有緣完成任何壯遊，很多時候是有好運在冥冥中加持，無法單靠個人力量。

童
書
裡
的
風
景

德
國
GERMANY

童書故事發生地阿湖（Lake Aasee）。

　　從荷蘭入境德國的過程中，兩國的國境讓我大開眼界。
入境後的第一站，是去拜訪以前在澳洲度假打工時相識的
德國朋友，一起去看了朋友們送我的一本德國童書裡的風
景，體驗德式的居家生活。

入境德國

　　從荷蘭要入境德國的這天，計畫是要去明斯特（Munster），
這座位在德國西北方的城市，拜訪兩位先前在二〇一二年
底於澳洲度假打工時，在東澳櫻桃農場相識的德國朋友凡
內莎（Vanessa）和丹妮拉（Daniela），在她們家作客幾天。

　　自己初次在海外旅行騎單車，走陸路進入另一個國家，
心裡格外開心，滿心期待要達成騎單車跨越國境的初體驗。

　　一早在荷蘭的露營地打包好所有行李，踩上單車踏板啟
程，前往距離十公里遠的德國邊境。出發前我還特別把護照
放在外套內側暗袋，準備在過境時拿出來用。

01 入境德國；02 以明斯特城市為主題的童書《一切順利，黑天鵝》。

　　結果一到兩國的邊境，卻發現沒有海關。兩國的國界是路邊放有歐盟星星旗圖樣的國名牌，藉此作為標示，一邊一個分別標著荷蘭和德國國名。一開始看到這樣的景象，自己反應不過來愣了一下，停在路邊疑惑：「去另一個國家不用出示護照嗎？」

　　直到看到別人騎單車，且一點也不遲疑地穿越過去，才認識到這就是歐洲申根區[3]內的情況，不只跨國不用簽證，連海關都沒設，宛如是在一起的國家。面對這樣的國界，相信生活在當地，和已經去過數次歐洲申根區旅遊的人來說，應該稀鬆平常，不過對我這初次見到的外國人，仍覺得不可思議，明明要跨越國界，卻感覺不出是要進入另一個國家，只像是要去另一座城市一樣。

　　而在看到德國的國名牌，上面寫的不是自己認得的英文 Germany，則是一長串字母拼成的陌生單字 Bundesrepublik Deutschland，自己仍覺得疑問：「我到德國了嗎？」

　　我特別拍照並傳訊息問了將要去拜訪的凡內莎，她看到我的詢問回覆說：「對！那就是德文裡的『德國』。」經過凡內莎的回覆，我才想起歐洲各國有各自的官方語言，邊境上的國名牌，當然是用自己國家的語言標示，以識別國家的主體性才合理，也想通為何不是我熟悉的英文拼音單字。

　　入境德國後，自己就開始狂趕路，前往距離快一百一十五公里遠的明斯特。等到達凡內莎和丹妮拉住的社區時，天色已黑，在尋找她們住宿的公寓時，剛好出門的兩人也找到我，相見後她們先給了我熱情的擁抱，慶祝我們從二〇一二年在澳洲相識，二〇一五年她們來臺灣旅遊時再相見，到這一次二〇一七年德國再相聚，這段跨國友誼跨世界三大洲，卻依然相絆！

　　到達的這天是週末，明斯特這城市剛好有年度的慶祝活動，於是在德國相見的第一晚，朋友們就帶我去當地市政府吃晚餐，和觀賞夜間打燈投影秀，用她們居住城市中最美的夜景，紀念這一晚。

🚲 童書裡的風景

凡內莎和丹妮拉在我跟她們聯繫要來歐洲之前，我們有交流童書，她們送給我一本以明斯特城市為主題的童書，《一切順利，黑天鵝》，故事內容是：

一隻叫彼得（Peter）的黑天鵝住在北方，他嚮往有一天飛去澳洲，據說那邊有很多和他同樣是黑天鵝的同伴。於是有一天春天到了，彼得就展翅高飛向南，到了德國的時候，見到一片大湖上有一隻孤單的白天鵝。

彼得見狀後，好奇地趨前關心，一開始見到那隻白天鵝非常大，還不敢太接近，後來才慢慢發現那隻白色大天鵝之美，並喜歡上對方，把原本要飛去澳洲的計畫拋諸腦後，換成和白色大天鵝傾訴他的過去、父母到夢想等點滴。

定居在這片湖泊的彼得，也漸漸地認識其他動物朋友，這些動物朋友也告訴彼得有關這裡的一切，得知了白色大天鵝的名字叫美琳達（Melinda），但當鴨子告訴彼得，美琳達是一艘船不是真的天鵝的時候，彼得不相信這事，仍堅信美琳達是他生命中的摯愛，每日相伴在旁。

有一天，其他動物告訴彼得，他在全世界出名了！開始有許多人乘船來拍攝他和美琳達在一起。這讓彼得也希望他有一台相機，能拍下美琳達。

一直到冬季，天氣變得寒冷，彼得無法繼續住在湖邊，才依依不捨地離開美琳達向南飛。

到達了明斯特的第三天下午，凡內莎和丹妮拉開車載我去了一趟阿湖（Lake Aasee）邊散步，這是那本童書中的故事發生地。

3　申根區：是指履行一九八五年盧森堡申根鎮（Schengen）《申根公約》的歐洲簽約國，所組成的區域，目前包含歐洲27個國家，該區域內的各個國家之間，未設置邊境管制。

由於來訪的這天是周日，好天氣加上又是夏季尾聲，不少人在湖上划船，湖邊的公園也有聚會活動的人群，相當的熱鬧。我往湖上仔細看過去，終於看到童書裡出現的白色天鵝船，有人正坐在上面踩踏著。

那麼童書故事裡，依偎著白色天鵝船的主角黑天鵝彼得在哪裡呢？

事實上那隻黑天鵝早已經不見，沒有人知道牠去哪裡。而且童書裡的黑天鵝彼得，在真實世界裡是位母天鵝叫佩特拉（Petra），在二〇〇六年到二〇〇八年間活躍在阿湖中。

雖然無緣親眼見到童書裡黑天鵝伴隨白色天鵝船的情景，但是德國好友贈送童書和分享家鄉的故事，這當中所承載的跨國友誼，才是我心中最特別的黑天鵝。

在湖邊散步完，往回走去停車場時，經過一段路，看到其中一側有著綠葉包覆的圍籬，把路邊與裡面的環境特別區隔，原先覺得有點奇妙，後來才從其中一個出口發現裡面是墓園。

我當場隨口跟凡內莎和丹妮拉閒聊起臺灣的土葬墓園，不會像歐洲這如此緊鄰公園和一般住宅，萬一住宅就在墓地旁的話，房價普遍也會很低，認為活人住在墓地旁會觸霉頭，臺灣文化是習慣將墓園跟住宅相隔一段距離。

沒想到凡內莎反而回覆我：「妳看到的這墓園，是明斯特這城市最大的墓園，然後墓園旁還有這城市價格最貴的房子。」

頓時，我發現童書裡湖邊旁的風景，更讓我這個臺灣人難忘。

🚲 生活到快忘了在旅行

來到德國的第一個週日傍晚，在凡內莎的外公和媽媽邀請下，我們一起到他們家裡的庭院，坐在戶外吃德式烤肉作為晚餐，這對我來說，就像是一場「歡迎來到德國」的派對。

這一餐烤肉的掌廚者是凡內莎的外公，他自豪自己的烤肉技術一流。見到他老人家示範德式烤肉，是先把木炭放在別的容器燃燒後，才放到烤爐開始烤，當肉都烤到外觀微焦出汁時，才拿起，並放到餐盤給大家食用。

再來凡內莎的阿公拿出自製的大蒜醬，也超美味，抹一點在麵包上吃，味道就香到讓人忍不住一口接一口。還有凡內莎的媽媽請丹妮拉一起幫忙，製作了生菜沙拉、通心粉、莫扎瑞拉起士佐番茄等菜，再加上德國啤酒，就讓這場聚餐美食、小點、佳餚俱全。

雖然自己無法製作臺灣菜作交流，但換分享臺灣帶來的包種茶，請他們體驗臺灣飲食文化裡，在吃重口味的菜後，喝茶解油膩的習慣。

用餐的過程中，為了身體健康而吃素的凡內莎談到：「外公每次弄烤肉時，都消遣用素食烤肉的食材，是在準備雞的食物。因為雞也是吃素的。」這是蠻有趣的德式幽默。

對我來說，能這樣在德國人家裡作客，參加一晚的家庭聚餐，喝到德國啤酒和吃到德式香腸，這些德國的代表美食，真的很幸福！享受到一度都快忘了是來單車旅行，感覺像回家一般！

記得以前有人調侃：旅行不過就是在自己活膩的地方，換去到別人活膩的地方。但是我要稍微補充一下，旅行在外有機會認識當地人，並融入當地人的生活，那會是旅行裡最美好的回憶，能讓自身重新回味生活的意義。

作客明斯特的日子裡，儘管這座城市的風景並非是這趟歐洲單車旅程中，見過最美的，遇到的事也不是旅行裡最驚心動魄且難忘的，但跟著兩位德國朋友敘舊，一起過在地生活的時光；在離開後，那些都會是讓人思念不已的點滴。

01 02

01跟丹妮拉和凡內莎一起合影；
02在凡內莎親友家體驗德式烤肉。

後記
TALK

行前跟兩位德國好友交流家鄉童書，再旅行到童書裡的風景訪友之後，那本童書對自己來說，像是收藏到德國的家。

萊
茵
河
時
光

進入浪漫萊茵河段的入口：科布倫次（Koblenz）大橋。

　　離開了明斯特後，自己在德國的單車旅程一路往南走，也開始沿著知名的歐洲長河「萊茵河」行走，一路從人文建築到自然風景，巧遇的慶典活動，還有沿途自行車道規劃的完善，都讓自己享受在這樣超友善單車族的環境。

🚲 愛情鎖與心目中最美的歐洲夜景

　　在歐洲單車旅行十幾個國家下來，所有見過的夜景裡，自己最喜歡的是德國科隆（Cologne），尤其是大教堂和霍亨索倫大橋在打燈下，映耀萊茵河畔的一幕。

　　停留科隆的第二天下午，悠閒地輕裝騎單車從住宿的青年旅舍過去科隆市中心繞一繞，先參觀一八八〇年建好的科隆大教堂後，再牽單車慢慢散步走過一九一一年完工的霍亨索倫大橋，這兩項歷史建築都曾在第二次世界大戰中損毀，之後才被修復。

漫步在霍亨索倫大橋時，橋上人和自行車共用通行道旁的鐵欄上，掛滿許多愛情鎖，仔細看了橋上掛的愛情鎖表面寫的內容，發現鎖上的文字有各種語言，未必都是祈求永浴愛河，也有刻中文字的鎖是祈求闔家平安幸福。

愛情鎖出現的由來，最早可追溯至第一次世界大戰時期的塞爾維亞中部的弗爾尼亞奇卡礦泉鎮上一段悲傷的愛情故事。

一位女教師娜達（Nada）與軍士官雷利亞（Relja）在鎮上的至愛橋相遇後陷入熱戀，兩人曾發誓要永遠在一起。後來雷利亞被徵召前往希臘打仗，愛上一名希臘女孩不歸。遠在故鄉的娜達得知後，心碎而死。當地女孩們為紀念這段故事，表達對自己愛情的捍衛，開始將刻有自己與戀人姓名的鎖，掛在當初兩人相遇的橋上，以防止對方變心。

全世界開始出現懸掛愛情鎖的熱潮，則是源自於義大利愛情小說家菲德里柯‧穆恰（Federico Moccia）於二○○六年出版《愛是如此孩子氣》裡，書中男女主角在羅馬的米爾維奧橋旁的燈柱，鎖上他們的愛情鎖，再將鑰匙丟入橋下的台伯河，象徵從此兩人永不分離、以堅定的愛情面對未來，開啟了愛情鎖風潮。

之後人們相信在橋上掛鎖，代表兩人的心將永遠緊緊鎖在一起。小說在二○○七年改編成電影上映後，更推波助瀾這「愛情鎖效應」到世界各地。

明明愛情鎖是如此浪漫，自己也有男朋友在臺灣，但是我看著綿延兩公里的愛情鎖牆，我一路走到橋的另一端，沒有心動想去買個鎖，來跟風鎖住永恆之愛，更無意在橋上已經掛滿別人願望的鎖堆裡，硬找個位置擠入，來掛上自己的心願。

霍亨索倫大橋上的愛情鎖。

科隆夜景。

　　走到橋的另一端後，我找了能同時看見科隆大教堂和整座霍亨索倫大橋的位置拍照，碰巧遇到正在攝影，且來自越南的阮大哥前來攀談，此時天色也開始慢慢轉暗成深藍色，霍亨索倫大橋最先亮起金黃色燈，接下來在天色全黑後，科隆大教堂被白燈打亮。

　　兩個科隆的代表性建築打燈後，一金一白映耀萊茵河畔的夜景，出乎意料的美。若不是有越南攝影大哥來聊天的關係，也許夜晚戶外的低溫和冷風，就會讓怕冷的我急著先離開，不會見到這一刻心中排名第一美的歐洲夜景。看著眼前心中覺得絕美的科隆夜景，頓時遺憾男友遠在臺灣沒有在身旁一起欣賞時，才發現：

　　自己原來是想要把愛情，鎖在這幕萊茵河畔夜景。

🚲 貝多芬故居

　　離開科隆後，從市區自行車道接上 EuroVelo 第十五號線：萊茵河線，在多雲又陰的天氣下，沿著河岸向南騎了約三十公里，到達波昂（Bonn），這個德國在一九九〇年統一之前的西德地區首都，也是知名音樂家貝多芬（Ludwig van Beethoven，一七七〇～一八二七）的出生地，當地至今仍保留他出生到去維也納之前的故居。

在大馬路邊找好位置並停放單車後，才走入位於人行徒步區的貝多芬故居。在走過去的路上，發現有搭棚架舞台，即將要準備舉辦紀念貝多芬的音樂節活動，不過自己未停留參加。

我對古典樂並不熟，甚至音樂節拍感還很差，會想來參觀貝多芬故居，純粹是喜歡這位古典樂傳奇音樂家的人生故事，尤其是他在耳聾後仍創作不懈，譜出命運交響曲的故事，是我對貝多芬特別欽佩的地方。

到達貝多芬故居外圍後，附近沒有醒目的大型景點看板，只在一間房子大門為深綠色且有紅紋線條的門旁邊，見到掛有一小塊不鏽鋼鐵牌，上有文字標註此地是貝多芬故居和開放時間的資訊，才在半信半疑中推開緊閉的大門進入，找到了貝多芬故居的售票處。

參觀貝多芬故居門票為6歐元（約215台幣），裡面的展覽禁止拍攝和錄影，只能照屋外景觀和銅像，但是館方在購票的同時，會提供一份館內各區展覽介紹的折頁，有簡體中文版可選外，資訊十分詳盡。照著館內安排好的路線行走下來，最後才參觀到據說是貝多芬出生的房間。

而館內的展覽看下來，貝多芬有兩個人生事蹟，是最讓自己印象深刻。

第一個是原來貝多芬和莫札特這兩位音樂家是同世代的人，都出生於十八世紀中後期，兩人生前也認識彼此，甚至貝多芬的父親還期許他像莫札特一樣成為音樂神童而嚴厲地教導他。幸好貝多芬沒有在父親的高期許教導和比較下，失去對音樂的興趣；第二個是驚訝館藏內有一副畫是描繪他過世後，上萬人為他出殯送行的場景，原來貝多芬在他的時代竟是如此出名。

貝多芬出生地紀念館內。

另外看了貝多芬故居管理介紹，才知道這管理委員會是由民間自主成立而成，早在一八九九年即在此設立博物館，就是為了避免貝多芬故居遭變賣拆除。

歐洲民間對藝術家的重視和文化資產保存概念發展之早，是自己生活的臺灣遠遠無法企及的。

離開貝多芬故居後，再回來萊茵河畔騎乘單車南下，仍覺得不真實：眼前的萊茵河風景，約兩百年前貝多芬也曾在此看著。

當年在這萊茵河畔小鎮出生、學習和創作音樂的男孩，應該也沒想過他的名字和作品，會傳遞全世界，甚至飄洋過海到他從來沒聽過的臺灣，其中「給愛麗絲」的這一首曲子，更成為提醒臺灣人出門追垃圾車、倒垃圾的國民歌曲。

🚲 萊茵河谷的煙火秀

在我的歐洲自助單車旅行時光裡，如果要推哪一條單車路線騎起來是最輕鬆風景又美，適合任何人來騎的，自己會毫不猶豫地首推從德國的科布倫次（Koblenz）到萊茵河畔賓根（Bingen am Rhein）這一段路線，距離長約六十五公里，位在萊茵河中上游河谷段，又稱為「浪漫萊茵河」，這邊在二〇〇二年也被列入聯合國的世界文化遺產。

沿著萊茵河畔單車旅行的第二天，一路上遇到許多單車團沿河旅行，特別是過了科布倫次進入萊茵河谷後，沿途兩側可見到許多矗立在高處的城堡、堡壘和葡萄園，河中各式往來頻繁的商船和遊船也令人著迷，許多載運物資的扁平大船是臺灣見不到船型，在想觀賞沿途的美麗風景之下，騎單車的速度不知不覺地放慢下來。

傍晚路過一個叫上韋瑟爾（Oberwesel）的小鎮，看到小鎮的萊茵河畔上，停泊許多大型遊船，路邊又聚集不少人，看得出當地有辦活動，於是臨時起意決定在這裡的河邊露營區住一晚，方便參加活動。

等去露營區登記繳費時，櫃檯告知當地週六晚間，在萊茵河畔有音樂煙火秀，我心裡暗自開心著，停留過一夜的決定是對的！

上韋瑟爾（Oberwesel）的萊茵河畔煙火秀。

　　約晚上九點，獨自一人前往主會場，在那買了薯條和德式香腸來吃，一邊觀賞九點半開始的煙火秀，現場還有音樂表演助興。不過現場人數實在太多，無法擠到前面河岸邊觀賞煙火，只能跟著人群仰望天空觀賞煙火，內心不禁羨慕起坐在停泊在萊茵河面上，大型遊船內的人，不用像我一樣，得人擠人的看河谷煙火秀。

　　事實上，德國在每年五月到九月的期間，固定會在萊茵河畔的其中五個點輪流舉辦煙火秀，最早的一場是五月的第一個禮拜六在波昂（Born）；第二場是七月在萊茵河河畔賓根（Bingen am Rhein）；第三場是最盛大的，在八月的第二個禮拜六舉辦在科布倫次（Koblenz）；第四場是九月初舉辦在上韋瑟爾（Oberwesel），最後一場是九月中舉辦在聖戈阿爾（Sankt Goar）。

　　但我在安排騎乘萊茵河畔時，行前並沒有查詢煙火秀資訊，完全是在旅途中巧遇到舉辦在上韋瑟爾的這一場，覺得更有驚喜感，而且**獨自旅行想停一晚觀賞，能自由作決定，這就是一人旅行最美好的事**。

德國萊茵河段，不只騎單車能輕鬆觀賞豐富的自然人文風景外，若半途騎累不想騎，沿途都有火車站，可帶單車搭火車稍作休息。

十三年後在海德堡見

海德堡市區風景。

在德國海德堡（Heidelberg）這城市，我再會了二〇〇四年時在臺灣相識的德國朋友，跟對方失聯超過十年後，奇蹟地聯繫上且再相聚，卻也在重逢的當晚，老鼠闖入帳篷，搞得全身狼狽、一夜無眠。

 泛黃的紙條

處理這趟穿越歐洲單車之旅的行前準備時，我又再次拿出放在自己房間書桌角落一張泛黃的紙，再試一次紙張上面的 Email 是否能聯繫到對方，一位十三年不見的德國朋友席夢娜（Simone）。

席夢娜是我人生中遇到的第一位德國朋友，她大我十歲，在我高二時來我家的社區當志工。在家人邀請下，我用週末、假日跟她上英文會話課將近一年，讓在高中時代學英文很不快樂的自己，透過和她用英文聊天的機會，聽到許多不同文化觀點的故事，才轉念覺得，英文除了考試用之

快騎到海德堡時見到的彩虹。

外,更是認識不同國家的人與文化的實用媒介,不然我大概高中畢業後就會放掉英文,日後不會再用英文結識不同國家的朋友。

席夢娜離開臺灣後,我輾轉拿到她的Email,但是由別人手寫在一張紙上,這十幾年來有試著寄幾次信,卻一直被退回,因被認定是無效Email地址,但卻一直無法確認是哪個字母打錯。

如果這次踏上歐洲,依舊聯繫不上她,自覺大概此生無緣再相見。我啟程去歐洲的前一個月,又再試一次,在Email收件人的欄位上輸入紙上的Email帳號,留下自己臉書帳號的網址,並按下寄出的按鈕後,靜靜等待奇蹟,這一次電子信件居然沒被退件。

電子信件寄出後的兩日,私人臉書捎來一封訊息:

Hallo XXX, soooo Many years...But i think in Remember u☺...ni Hao ma?

(哈囉XXX,……好多年……但我想我記得你……你好嗎?)

後面的訊息,對方簡短地述說離開臺灣,回德國半年後,又再去上海學中文,因為那邊的中文課學費比較便宜,並在上海的韓國學校教英文,不過她始終比較喜歡臺灣,不喜歡上海。

然而,我點開席夢娜臉書後,卻被裡面一張有華人面孔的小女孩照片吸引住目光,我想,應該是她的女兒,但是全部的分享照片看下來,卻未見到小女孩生父的照片。

於是,我好奇地詢問席夢娜:「妳先生有一起住在德國嗎?」

席夢娜則回:「我們沒結婚。已經分開數年。現在我獨自和女兒在一起。他也在德國生活和工作。」

遠在臺灣一端的我，看著電腦上跳出這樣的訊息回覆，我感到詫異：「為何沒結婚又人都在德國？」這個疑問我決定和本人碰面後再去詢問。

🚲 十三年後的再會

　　穿越歐洲的單車旅行啟程將近一個月半後，來到了席夢娜的故鄉海德堡，跟她相約早上在俾斯麥廣場（Bismarckplatz）見，她在中國和日本遊客充斥的H&M衣服店前找到我，彼此終於再相見。她說找到我之前，還把路上看到另一位穿紅外套的中國人女士，誤認成是我。

　　跟著席夢娜隨意在海德堡市中心走走，看到了她平日的生活足跡，再平凡的小店，都因為她的帶領而看起來有趣，走到了海德堡知名的聖靈教堂內參觀時，她還問我：「有去過科隆大教堂嗎？」

　　我回：「有阿！前幾天單車旅行經過科隆時有去參觀。」

　　席夢娜笑著回：「老實説我上個月才第一次去看。然後柏林也還沒去過，住柏林的朋友一直問我：『什麼時候要去那找他們』。」

　　我忍不住驚訝地看著她，想著為什麼這位德國人最近才去鄰近的科隆，且又沒去過柏林？回想著十幾年前與她相識聊天，她分享拜訪過鄰國奧地利、非洲的埃及、中美洲哥斯大黎加，確實沒有聊過德國景點，但也因此好奇：如此喜歡往外走的人，怎麼會決定回德國定居？

　　一路帶著這疑問繼續跟著席夢娜的腳步，來到了一間開了二十幾年的墨西哥料理店 Gino's，她分享這間是她從學生時代到現在都會去吃的店，我們坐下來點了墨西哥捲餅吃，好好的聊天，猶如十幾年前，每週六下午的英語會話練習時光，只是場景從我在的臺灣家裡，換到她在的德國家鄉。

　　聊下來，席夢娜講了為何會回德國獨自扶養一個女兒。她説：「十年前在上海意外懷孕後，覺得中國的環境不適合養小孩，所以放棄已經申請到的加拿大度假打工簽證，決定回德國育兒。然後，小孩的中國生父也跟著來德國工作，現在住法蘭克福（Frankfurt）。」

　　她也聊到在臺灣和中國兩邊生活過的感受：「在台北和上海各住一年多下來，比較喜歡臺灣，那是讓她在國外第一次有家的感覺的地方，可惜就是

無緣和交往過的臺灣男朋友在一起，到了中國一切都保守多了，始終不適應，也無法融入那裡。」

聽到臺灣男朋友這詞，我想起她以前在臺灣跟我用英文會話聊天時，分享過交往中的臺灣男朋友，甚至還秀出一張照片，分享她帶臺灣男朋友一起去奧地利薩爾斯堡（Salzburg），參觀音樂神童莫札特故居，讓那時是苦悶高中生的我，看著異國風景並大開眼界。

接下來席夢娜繼續說：「跟小孩生父最大的價值觀衝突在於『家庭重心』。在德國一切是小孩優先，但是小孩生父有賺錢，卻仍拿回去給他的中國父母，不是優先用在養育小孩上。」

席夢娜並未明說為何有了女兒，不是跟小孩的中國生父結婚後離婚，直接選擇未婚生子的理由，我推測是「價值觀」的差異，讓她決定不要再走入結婚後的磨合。

多年不見再碰面下來，聽到席夢娜分享了她那段不完美的異國戀，但她卻仍肯定地講：「女兒是我最珍貴的禮物，很幸福有了她。」展現為母則強的一面。

聊完席夢娜的異國戀後，我也好奇地問：「那妳回德國後，還有教英文嗎？」
席夢娜笑回：「在臺灣和中國已經教夠多英文，回德國不想再做一樣的工作。」

01 和席夢娜的合照；
02 跟席夢娜造訪的聖靈教堂內部；
03 知名的海德堡學生之吻巧克力商標。

海德堡的俾斯麥廣場。

然後，還有個問題，自己臨時起意問了席夢娜：「十幾年前妳在臺灣時，到底是怎麼和家人聯繫的？」

她也回了令我難忘的答覆：「當時打電話回德國電話費太貴，加上我的父母不太會用電腦，沒辦法用 Email 聯繫，所以我和家人是用手寫信跨國聯繫。有時家人太擔心我在國外沒錢生活，特別是最初在臺灣快沒錢的時候，還會在寄來的信件裡，夾一些歐元紙鈔資助。至今我手邊還留著昔日在海外生活時，跟家人的每一張手寫信。」

短短半天的再聚，各自這十幾年的人生都已經發生了許多事，能有緣再聯繫上，再次碰面聊彼此這些年的故事，已經是一場奇幻的時光旅程。

最後，我們又走回了見面地道別，我贈送給席夢娜一張臺灣形狀書籤，也邀請對方下次帶女兒再回臺灣。之後席夢娜就趕著去接要從學校下課的女兒，自己則是再到處走走，也登上了海德堡城堡眺望整座城市，看著席夢娜家鄉的風景。

🚲 老鼠闖進帳篷裡

海德堡再會德國友人後，我停留位在內卡河旁的 Camping Heidelberg-Neckartal 露營區準備過夜第二晚時，卻碰上自己在歐洲單車之旅中，度過最狼狽的一夜：**被老鼠闖入帳篷，搞得整夜失眠。**

晚上在露營區洗澡完回帳篷之際，打開外帳的拉鏈時，大吃一驚：「內帳

的防蚊蟲層怎麼會有一個破洞？」頓時大感不妙，趕緊開了內帳的拉鏈，把手電筒的燈往內一照，赫然見到一隻老鼠在啃食我早上未食用完的牛角麵包。

手電筒燈光照在老鼠身上時，那隻老鼠顯然吃得忘我太開心，一直再吃了約兩秒後，才轉頭發現我，往外跑走時又再把內帳多弄破一個洞才跑出去。

我沒想到在帳篷內吃完早餐後，恣意地把拆封且吃一半的牛角麵包放在帳篷內即外出，未藏入防水馬鞍袋內，竟埋下吸引老鼠闖帳篷的遠因。

因此，那一夜我除了重新打包帳內所有未被老鼠啃咬過的食物，好好塞入馬鞍袋深處外，還用手頭上現有的封紙箱用膠帶，勉強把帳篷的破洞貼一貼修補，搞到翌日超過凌晨一點才熄燈入睡。

然而，殊不知一件事：**老鼠是會重回有找到食物的地方**。

我本來就輕微感冒，不太舒服，飽受驚嚇後就睡不好，在熄燈後睡到一半時，居然聽到帳棚內有物體窸窣移動的聲音，之後突然感覺睡袋上有東西快速爬過去，我立即被嚇醒，馬上起身抓起枕頭旁的手電筒開燈照明來看，又是那隻老鼠，可是此刻是在我的睡袋左邊！

我從沒有與老鼠距離如此靠近過，頓時睡意全消。

老鼠被照到光的一瞬間，又再次破壞帳篷上原本修補起來的破洞闖出去，自己則是被弄得再也睡不下去，連夜修補好帳篷，吃一點東西，隨即收拾好所有器材，等露營區管理處早上九點開始營業，馬上退宿，逃離這令人飽受驚嚇的地方。

要說睡覺時突然被老鼠爬過睡袋騷擾的驚嚇，個人認為跟突然被人性騷擾一樣可怕，自從這次經驗後，我往後在單車露營時，都不敢再把開封的食物隨意放置，絕對把沒吃完的東西，塞在行李深處，提防未來又再被任何一隻老鼠聞出食物的味道。

後記
TALK

與席夢娜再相見，這次向她學到感情這課題，不要為了愛情，委屈自己無條件包容另一半，並走入婚姻，而忘了愛自己。

單
車
結
緣
的
異
國
戀

德
國
GERMANY

洛斯堡住宿處家裡的擺飾。

　　離開海德堡後，在風雨中到達了黑森林地區，拜訪了
一對台德異國戀情侶秀婷和麥可（Michael），我是他們結束
海外單車壯遊定居德國後，第一位去拜訪他們的臺灣人。

騎到雙手凍僵的相見

　　旅程往德國西南部黑森林路上的第二天，遇到整日降
雨，九月中的德國氣候已經入秋轉涼，天氣溼冷到有如台
北冬天寒流的下雨天般，一早從路邊野營的帳篷內要起來
時，掙扎了一下才起得了身。

　　同時我也感冒，鼻子彷彿無法鎖緊的水龍頭，鼻水流
不停，只能吃隨身帶的感冒藥來緩解下症狀後，再打起精
神收拾並打包好所有行李上路，前往這一天約好要造訪的
台德情侶家。

雨騎單車在德國黑森林的294號。

　　一騎離開小路後，我就一直沿著294號道路前進，沿途可見分布著大片由松樹和杉樹構成的原始森林，遠遠望去呈現濃重的墨綠色，可從風景上確定自己已經進入黑森林地區。

　　在溼冷的雨天下騎單車，為了避免全身太快冷掉，沿途停靠在路邊的休息時間都很短，路途中只有一處路邊的公車亭能短暫躲避下不停歇的雨，但是沒做防水處理的雙手，長時間泡在溼冷的雨水下，冰到下午騎車握手把時都快沒知覺，更狼狽地是因感冒而流不停的鼻水，那張放在口袋的衛生紙，早已被我就重複使用到溼透，到後來都直接用手上的單車手套擦拭掉鼻水。

　　雨天騎車，又在感冒鼻水流不停和雙手冰冷的夾擊下，讓平時過得飛快的旅行時光，在這天變成了漫長的考驗，好不容易在傍晚六點多，天黑之前到達洛斯堡（Losburg）這個鄉下村落，見到了在臺灣有碰過一次面的秀婷，以及初次見到她的男友麥可。

　　一整天耗盡體力騎下來，在倉庫要卸下單車後貨架的行李時，雙手已經凍到無力拉開後貨架上綁的彈簧繩，還得靠著旁人幫忙才能完成這件事，等

到放好行李到房間後，趕緊去沖熱水澡，才終於讓麻痺的雙手恢復了知覺，能好好吃頓飯和休息。

🚲 單車結緣的異國戀

作客黑森林地區的洛斯堡，在秀婷和麥可這對因單車結緣的台德異國戀情侶招待下，我停留在此休息了三晚，體驗德國的鄉村生活。其中來自臺灣的秀婷，是拿度假打工簽證，在九月初剛來德國，他們並沒有自己的房子，是一起同住在麥可姊姊蘆拉（Lura）的家裡。

會認識的秀婷的契機，是在行前準備時，參加了阿拉喜單車工作室在新北汐止舉辦的單車旅遊講座，遇到來參加活動的她。當時她剛結束海外單車壯遊返回臺灣，準備申請德國度假打工簽證，要去德國和男友麥可同居。

不過在遇到秀婷本人之前，我在網路上逛台大批踢踢的單車旅行版時，就曾看到秀婷和人分享，計畫結伴二○一四年一起去單車旅行橫跨歐亞，不過她突然遇到家人生重病要照顧，不得不放棄最初要與人結伴同行的單車壯遊計畫，延後成二○一五年獨自啟程，從日韓開始，一路向東單車旅行，途經美加西岸，再到歐洲橫跨歐亞大陸回到臺灣。

在這趟環球單車之旅的途中，她和德國男友麥可是在土耳其相遇，開始結伴同行。兩人一起回到臺灣停留約兩個月後，又再去東南亞單車旅行，到二○一七年五月在泰國曼谷結束單車之旅，約好日後相聚定居在德國。

01黑森林洛斯堡地區的屋舍風景；02黑森林弗羅伊登施塔特市區。

對於秀婷為何和麥可結束海外單車旅行後，兩人為什麼會有共識日後一起定居德國，我還蠻好奇的，有特別問她作這決定的原因？秀婷篤定地回覆：「我比較有辦法學會外語，能學會德語，並在德國工作生活，不然麥可對學外語不在行，他住在臺灣不適合。」

秀婷出自於顧慮另一半情況，作出在德國定居這決定，也表明了她很清楚旅行和長時間定居海外，需要考量的事不同，並非是嚮往海外生活，這讓我不禁欽佩起她對經營這段異國戀的用心。

幸好她剛來到德國鄉村跟麥可和他的親友同居下，只有不到兩歲的小姪女艾莉莎（Elisa）不會說英文，麥可的姐姐和姊夫都能用英文溝通，因此秀婷在德國的生活，不至於一開始就全要靠麥可跟別人溝通。

🚲 天生一對

在我到達洛斯堡的第二天下午，他們帶我去弗羅伊登施塔特（Freudenstadt）市區，這個在黑森林地區很有名的觀光小鎮，是不少旅遊團會造訪的景點，我也如觀光客般坐在戶外桌椅上晒太陽，品嚐著有巧克力碎片灑在上層，裡面有海綿蛋糕包著鮮奶油，以及櫻桃醬的知名黑森林櫻桃蛋糕，真的非常享受。

對比到此一遊的我，有計畫未來要長期在德國工作和生活的秀婷，則是來看這邊語言學校周遭的環境和交通，為下週要開始上課學德語做準備，踏出早日能在德國自立的第一步。

03 黑森林蛋糕；04 跟秀婷和麥可的合照。

傍晚回到家，麥可的姊夫在戶外庭園現烤著漢堡排，麥可的姊姊則準備了漢堡麵包和生菜，為大家弄漢堡作為晚餐。

用餐閒聊下，他們也聊到了麥可橫跨歐亞單車旅行的事蹟，有在地方新聞上報，秀婷同時也調侃起麥可旅行真好運，從德國出發到在土耳其遇到她的前後，旅途上都有人結伴同行。

既然聊到單車旅行的話題，我也順便問了秀婷，究竟她和麥可結伴長時間單車旅行，如何在「配速」上有共識？

在單車騎乘上，往往男生的騎乘速度會比女生快許多，尤其身材高大的歐洲男生對比身材嬌小的亞洲女生，騎乘速度會差異更大。

兩者要結伴單車旅行，如果不是騎協力車，通常得要騎得快的一方有耐心等速度慢的一方，不然若兩人速度差異太大，容易引起磨擦導致拆夥。

昔日臺灣女生挑戰海外自助單車旅行的先驅林存青Vicky，就曾在她最早的著作《踩著夢想前進》裡提到，她最初和日本男單車客中西大輔結伴，計畫一起從美國阿拉斯加開始騎單車環遊世界，但到中途兩人因為騎乘速度和對旅行想法的差異，一人希望悠閒地騎，好好欣賞沿途風景；一人想盡情衝刺里程數，最後決定選擇拆夥各走各的，才能保有各自單車旅行自在的步調。

兩人分道揚鑣後，Vicky騎到美國和墨西哥邊境就結束這段旅程；中西大輔則是持續獨自單車旅行，壯遊世界超過一百三十個國家，騎了十一年才結束環球單車之旅回日本。

秀婷對於我的提問，給了我意想不到的答案：「剛好麥可也騎不快，因此兩人騎在一起速度剛剛好。」

其實我在歐洲單車旅行下來，也遇過幾次歐洲男單車客見我是亞洲女生獨自一人騎乘，有來攀談閒聊，但是每次聊完互相加個臉書留紀念，待對方一踩上單車踏板離去，在我追不來歐洲男生的騎乘速度下，交集也就結束。

因此秀婷和麥可在各自的海外單車旅行半路遇到，且能一路一起騎下去到交往，在我眼裡真的是天生一對。

🚲 選擇的路

轉眼間在洛斯堡作客休息三晚的日子過完，自己感冒也休養差不多，在麥可的幫忙下，用了電器膠布把在海德堡露營區被老鼠咬破的帳篷破洞給補一補，也把幾乎已經磨平的單車剎車塊做更換，準備繼續啟程，告別這對台德情侶。

離別前，相較於自己這個出來旅行的人，留下來要為德國生活打拚的秀婷，則是直言：「不知何時可以再遇到人，能面對面一直用中文聊天？」一語道盡她在愛情選擇上的辛苦之處。

儘管自己只是拜訪數日的過客，但是我相信秀婷一定能撐過日後在德國生活中所遇到的關卡，就如同她最初果敢且獨自一人出發去海外環球單車旅行般，**因為她選擇的路，都是「勇敢」。**

在我綁好行李到單車上，跟他們道別後，獨自往樹林小路騎過去，繼續下一段旅程，也想著：為愛遠走他鄉的生活，感覺也是一種旅行的延續，尤其能生活在不少臺灣人嚮往到此一遊的歐洲，似乎更是夢幻，但要自己做同樣選擇的話，老實說我會猶豫，畢竟定居異國過下半輩子生活，光是忍受長時間遠離故鄉摯愛的親友，這一點對我來說，比忍受在戶外單車旅行，長時間受風吹雨淋來得辛苦，更別說要從語言到生活文化差異等，在這些關卡中要克服的大小事。

即使現在為地球村的世界，異國戀和異國聯姻越來越普遍，但是雙方要歷經考驗一起長久走下去，始終不容易，這是我在單車旅行時，在德國見證兩段異國戀的感觸。

跨國籍的愛情要走下去，有時需要其中一方多做付出。後來秀婷有克服德國生活和學德文的難關，跟麥可結婚。

奧地利阿爾卑斯山區的R7路線道。

騎入阿爾卑斯山

在旅程要去斯洛維尼亞首都訪友的狀況下，路線上我決定不繞遠路，直接從奧地利行經阿爾卑斯山區過去。前進的路上，單車重裝騎上阿爾卑斯山的風景很美，可是最難忘的卻是下山後遇到的事。

 ## 上山

歐洲最知名的山脈就是「阿爾卑斯山」（Alps）。覆蓋範圍包含義大利、法國、瑞士、列支敦斯登、奧地利、德國及斯洛維尼亞，約22萬平方公里，相當於臺灣面積的六倍大。

阿爾卑斯山脈最高的山峰位在法國和義大利交界的白朗峰（Mont Blanc），海拔4,808公尺，是歐洲最高的山；阿爾卑斯山內最高的公路點，同樣位在鄰近法國和義大利交界的波內特山口（Col de la Bonette），海拔2,802公尺，是歐洲公路的最高點。

對於來歐洲登山的人來說，阿爾卑斯山區可能是一定要去朝聖的地方，但對單車客來說，這就不一定。

　　單車重裝長途旅行上路，說實話，多數單車客一看到是山路且要爬坡，也是會有覺得麻煩不想騎的念頭，普遍會思考要騎經山路的話，是否有爬升高度較低的路徑可選，我也是屬於想騎爬升高度較低的人。

　　查詢奧地利阿爾卑斯山區路線下來，發現往奧地利南部大城「克拉根福（Klagenfurt）」前進，只要爬過海拔1,788公尺的瑟爾克山口（Sölk Pass），是我前往下一個國家斯洛維尼亞的路途中，最好走的路段。

　　要挑戰阿爾卑斯山路山口這天，我在早上十點從海拔885公尺高的拉德斯塔特（Radstadt），這奧地利滑雪勝地的露營區啟程後，纏在山腰上的雲霧，隨著升起的太陽逐漸散去，群山環繞下的谷地綠草如茵，正散發著清新的味道。我先沿著B320號公路踩踏著單車向前行，可見鐵道在路旁，偶有火車運行的倉促轟隆聲劃破風聲之外的寧靜。轉入R7號單車道小徑後，可見牧牛成群，風中飄盪著繫在乳牛脖子上的鈴聲，好不愜意。

　　一路在平坦緩下坡的谷地騎乘了四十六公里，轉入L704公路後，準備要爬升超過海拔1,000公尺，前進瑟爾克山口，此刻已超過下午兩點，距離當天日落時間約還有四小時半。

　　記得爬連續上坡路段前，我還先溜去路旁一間鐵門拉下，無人的消防隊屋舍邊，坐在陰影處歇息喝水和吃點餅乾，為將要爬升的山路儲備一點精力，才心甘情願再上路。

　　開始爬坡後，前段的緩上坡路段仍可見到有車子行經，可是一過了瑟爾克谷地聖尼古拉（Sankt Nikolai im Sölktal）後，開始設有路障限制汽車進入，所以不再看到任何一輛汽車行經，只見一位登山車騎士從我對向騎來，準備下山。

　　繼續向前行，部分路段可能在山區春季融雪，造成泥石流侵襲的關係下，能見未修整完的坍方路面，伴隨泥石流而下的樹木成堆在路邊，就算可騎乘通過，看過去仍覺得觸目驚心，但騎到這開始令我緊張的是：才騎了十八公里，爬到海拔1,300公尺高的地方，距離山頂海拔1,788公尺，尚有將近500公尺的高度要爬升，時間卻已快接近下午四點半，此時距離天黑只剩兩小時，來得及趕在天黑前騎到山下嗎？

接近瑟爾克隘口的山區風景。

　　這一擔憂浮現心頭之際，也騎入我在歐洲單車旅程中，海拔最高與最荒涼的路段，不再見到任何人車，萬一出了任何無法自行排除的緊急狀況，無論是單車故障或身體不舒服，都不會再有任何人可伸出援手，再加上山區裡手機也完全沒有訊號，令我不禁開始在想些有的沒的：

　　慘了！怕太重難爬山路沒多帶水！今天不翻過這座山下去，身上的水根本不夠喝到明天！萬一要在這深山裡趕夜路下山，會不會危險？

　　莫名的恐懼思緒造成自己的緊張，讓我一路上幾乎不敢休息，在腎上腺素大噴發下，狂踩著單車爬坡，無心悠閒欣賞途中可見嶙峋的山壁、翠綠優美的阿爾卑斯低海拔山區風景，只求趕快衝到頂端的山口。

　　騎到超過海拔 1,500 公尺的路段時，爬坡時自身散發出的熱氣，也抵不過山上冷冽強風不斷吹襲而來的凍，此時，不得不停下車來，抽出戶外運動外套來穿著禦寒，快速地喝幾口水後，又趕緊往上騎車上路。

　　此刻已可見遠處的山，山頂上散布著零星點狀的積雪，我也終於忍不住在海拔 1,700 公尺高的觀景平台小停，拍幾張照留念，紀念騎單車造訪九月底的奧地利阿爾卑斯山區，可看見高山上有零星積雪的深山幽谷風景。

沒想到再往上騎，未融積雪不用遠眺，路邊就看得到了！生平第一次騎單車在路邊見到積雪，對旅程規劃刻意避開歐洲下雪的我，是終身難忘的一刻。

再前騎二十分鐘，繞過幾個髮夾彎，終於到達這條路線的最頂端，海拔1,788公尺的瑟爾克山口（Sölk Pass），可惜時間已超過下午六點，天色陰鬱將要開始轉暗，沒得高興太多，又是匆匆隨手拍幾張照片紀錄，隨即開啟前後單車燈照明，拉緊外套錬條，再多戴上長指手套，做好下坡防寒準備後，旋即往山下衝，要在天全黑之前衝出山路。

🚲 下山後

猛衝下山，趕在晚上七點天色全暗之際到達平地，當下隨即放鬆心情，並鬆口氣，不用冒著缺水的風險在深山裡野營過夜，然而萬萬沒想到的是，旅程的考驗，下山才開始

下山後抵達的卡默爾斯山麓聖彼得（St. Peter am Kammersberg）小鎮，所有超市已全關門，無法購買食物，我只好找一間咖啡館點披薩來吃，等我吃完披薩後，這天旅程最大的噩夢：「住宿問題」才接續登場。

我到達鎮上的奧地利貝拉露營區（Camping Bella Austria），已經晚上八點，見到入口處門牌有打燈照明，進入裡面看來是酒吧，也是接待櫃檯的地方還亮著燈，我趕緊洽詢露營事宜。

以下是我與一位在接待櫃檯服務的女士對話。

我：「請問哪邊是帳棚紮營區？」

女店員：「我們這邊的露營區半個月前已經關閉了，現在不開放露營。」

我：「等等！現在已經天黑，要再去找其他露營區不方便，真的不能在此過夜一下嗎？沒水沒電沒關係！拜託只要借塊地紮營過夜就好！而且我又女生一人！」

女店員：「我再問一下老闆看看。」

於是，女店員拿起電話詢問，我在心底暗自祈禱一切順利，也相信「女生一人」應該會被體諒一下吧！

01 02 03 04 　01騎在滑雪小鎮拉德斯塔特；02放養在阿爾卑斯山區的牛群。

女店員：「剛電話問下來，老闆說不行借宿。」

我：「真的不行嗎？現在要再找其他露營區真的很遠，又已經天黑。」

女店員：「不行就是不行！今晚這不能住！」

當下，我的心情瞬間萬念俱灰，也無意再與對方爭執，雖有閃過念頭要不要偷偷鑽入那片露營區紮營住，但怕女店員會特別過來來查，所以又打消了這念頭，心中抱怨一下奧地利人真無情，但也只好再次查詢距離最近的其他露營區，因為我不敢在平地小鎮亂紮營。

查詢之後，距離最近的下一間露營區，路程要二十公里，儘管百般不願意，只好再次起身出發，此刻一整天下來，已經重裝爬山路又騎超過一百公里，還得要再騎一段，心情很難會好，但卻也只能把心思先放在如何到達下一個露營區，找到今晚的落腳處。

我打起精神後繼續騎著，但鄉下路段夜間沿途幾乎無路燈，用著微弱的車前燈光照路，騎乘下來的視線遠不如白天清楚，得更費神地緊盯路面，以免車輪壓到坑洞或騎入邊坑摔車受傷。騎車的同時，心裡也怕後方汽車駕駛因夜間視線不佳，未見單車後燈警示，從身後撞上來，這樣的被壓迫感一直如影隨形跟著，導致夜騎一小時彷彿白天騎三小時這麼久，令我感受到徹底的身心俱疲。一度在夜騎途中，懊悔想著：假如早上平路能騎更快，或是再更早出發，就不會這樣了！

趕路到達另一家Olachgut露營區，已經超過晚上十點半，見到接待處的燈居然還亮著，於是入內詢問，期望抓住能讓我入住露營區的最後一根浮木。

03 歐洲單車旅程路過的最高點：瑟爾克隘口（Sölk Pass）處；04 奧地利阿爾卑斯山區路段。

　　結果我這一位東亞面孔的女單車客，這麼晚突然出現在這個奧地利鄉下露營區，一入內就先把在室內準備要熄燈離開的女士嚇到，幸好對方沒把一臉疲憊的自己，當成她夜晚眼花看到鬼直接跑走，則是親切地回覆自己：「今晚在這露營沒問題！」並說明哪裡可以紮營、哪裡是廁所和浴室，才熄燈離開，也一掃自己在上一個露營區被拒絕借宿的陰霾。

　　等到紮營並架好帳篷，去浴室盥洗，在一天將要結束之際，終於能放下整天緊張的情緒，回首這一天，從起床、打包好李、出發上路、翻過山口、摸黑夜騎、到達目的，幾乎不停歇地移動超過十二個小時和超過一百公里，突然覺得是好漫長的一天，忍不住在想：這天到底是如何撐過的？

　　幸好第二間露營區的接待人員很親切，也讓我入住，才讓這一天有美好的句點，不然對於奧地利阿爾卑斯山區的回憶，可能只剩下疲憊和不愉快了，但也給了自己一次經驗上的教訓：**單車騎山路要多帶一點水，就不用怕缺水，非得要趕路下山。**

後話
TALK

阿爾卑斯山路風景很壯麗，超適合拍單車美照，即使自己騎得趕路且狀況多，仍慶幸自己沒偷懶搭火車帶單車錯過。

海外的中秋團圓——

斯洛維尼亞
SLOVENIA

盧比安納過中秋夜吃團圓餐的店。

　　在隧道中入境斯洛維尼亞後，歐洲的旅程開始進入巴爾半幹島列國之旅，試新下載的導航APP，讓我差點被困在樹林，在海外獨自過中秋節，驚險中闖出樹林後，在首都盧比安納（Ljubljana）團圓當地友人，與來此旅行的臺灣朋友，一起過另類的中秋節團圓。

🚲 隧道中的國界

　　一進入奧地利以南的其他巴爾幹半島國家後，沒有Google地圖單車版可用後，只好在入境斯洛維尼亞前，一直查哪一款APP具有單車路線導航功能，戰戰兢兢地在十月的第二天準備進入斯洛維尼亞，展開穿越歐洲單車旅行的下半場：巴爾幹半島之旅。

　　從奧地利南部大城克拉根福（Klagenfurt）出發，再度騎入阿爾卑斯山區，沿著B91號公路，準備前往斯洛維尼

亞時，路途上有座隧道介於奧地利和斯洛維尼亞國界之間，查詢手機上的電子地圖 Maps.me 單車導航後，顯示隧道不能騎，但一看顯示可走的路徑是避開隧道，且是繞遠路走山徑後，立刻放棄跟著導航走的打算，決定直接騎去隧道，萬一遇到「禁止騎單車穿越」，再看怎麼辦。

後來爬山路抵達奧地利端的隧道口檢查哨前，自己並未被攔下，看來隧道內允許單車通行。但不知這隧道內狀況如何？帶著不確定的疑惑來到隧道口前，看著那似乎吸盡一切黑暗的隧道入口，有點緊張地吸了一口氣後，我就向前騎進去。

沒想到外觀看來幽暗的隧道口，一進入後，內部照明相當亮，左右邊各有夠寬的人行步道，可把載著重裝行李的單車騎上去，能在隧道內完全與汽車分道騎乘，讓我大鬆一口氣。

隧道騎到一半時，即見到亮著奧地利國旗和斯洛維尼亞國徽的燈箱出現在眼前，驚訝兩國的國界竟然是在隧道內，在隧道內騎單車進入國界，成了造訪斯洛維尼亞這國家最獨特的入境方式。

一出隧道後，見到斯洛維尼亞第一眼，為可遠眺到彷彿臺灣南部月世界般的景觀，對比隔座山的奧地利竟有不同風景，作為我與這個有「阿爾卑斯山後花園」美名之稱的國家邂逅的開場。

01　02　　01 隧道的斯洛維尼亞國界；02 一入境斯洛維尼亞見到的風景。

緊接著一路下山，騎到這國家最知名的景點「布列德湖（Bled Lake）」之前的街道上，街上的招牌一望過去，完全看不懂上面半個字，找不到之前路過西歐國家市區街道上常見到的「Restaurant（餐廳）」和「Café（咖啡）」等幾個出現在招牌上機率很高的字眼，才確定自己進入了巴爾幹半島的斯拉夫語系世界。

到達布列德湖後，這邊雖然是熱門觀光區，但是住青年旅舍一晚的價格，跟鄰國奧地利露營區一晚的價格一樣，我開心著物價整個降下來，也預期之後其他巴爾幹國家的物價會越來越便宜，在旅行開銷上，不用像之前在西歐國家如此斤斤計較。

飲食上，一進入斯洛維尼亞等巴爾幹半島國家，在到達保加利亞之前，進到超市買食物時，不知為何再也買不到自己偏好的三明治，來當隔天的早餐吃，讓我開始過著，早餐幾乎都是乾麵包塗抹醬的生活。

🚲 樹林迷途驚魂

離開布列德湖後，我試著使用別人推薦的 Open Street Map 這款 APP，作為到首都盧比安納（Ljubljana）這段路程的導航。

一開始沿著 Open Street Map 導航走的路徑風景還不錯，過橋可看到清澈見底的溪流，行經一些寧靜的社區，不過越騎，沿途風景卻越來越偏僻，甚至到了一個路口，差點找不到導航上指示的路徑，穿過了樹叢才找到指示的方向，但沒想到一走下去竟有小溪流橫亙在路中，我硬著頭皮牽著單車渡溪，浸溼布鞋踏過後，天真地以為後面的路段會變好走。

不料照著導航指引持續前進，眼前的落葉碎石泥土路，已變成一眼看過去無從分辨方向該怎麼前進，然而，此時再走原路退出，時間上又會來不及在天黑前到達盧比安納。

「我會不會被困在這樹林獨自過中秋，今晚和人爽約呢？」進退兩難下，我在心中焦慮地想著，因為這晚和認識的斯洛維尼亞朋友，與來這國家旅遊的其他臺灣朋友有約要相聚。

焦急的自己，先是牽著滿載行李的單車硬往上走，想從一條看起來可走

出這片樹林，且接到對外道路的上坡小徑嘗試，可是發現根本牽不上去，人也累得滿身大汗後，決定換走一條看得到溪流和鐵道方向的路徑，賭另一個穿出這片樹林的可能，即使那方向看過去有不少倒塌的樹幹擋道。

在半推半扛下，牽著重裝單車穿越錯落在半途中的倒塌樹幹，闖過看來無法通行的路段，直到經過一棟廢棄屋舍後，才看到較平坦好走，但鋪滿落葉碎石的泥土平路，再繼續牽車往前走半小時，終於見到了柏油路面，確定自己從樹林裡脫困。

拚了命推扛一輛載著快二十公斤重行李的單車，闖關山林小徑，儘管這段驚險歷程才約一小時，但人也一整個累翻，出去一見到超市，就先衝去買自己最愛的小牛角麵包來吃，壓壓驚安撫心情，才有體力和精神繼續上路，並在天黑之際到達盧比安納。

至於導航到讓我差點困在樹林的導航 APP：Open Street Map，我也不敢再使用，直接從手機刪除，直至旅途結束，都不曾再發生迷路，且差點困在歐洲樹林的事。

🚲 海外的中秋團圓

抵達斯洛維尼亞的首都盧比安納後，我先跟當地朋友盧卡（Luka）碰面，相見時他才剛做完單車快遞打工，背著快遞箱，牽著單車回到租屋處。再次聯繫來巴爾幹半島蜜月旅行的臺灣朋友馥年和靖允，大家一起在盧卡的推薦下，去盧比安納市區的巷弄內，一家中東料理速食店 Abi Falafel 吃晚餐，用土耳其烤肉捲餅 Kebap 代替月餅和烤肉，過另類的「斯洛維尼亞中秋夜」。

跟盧卡、馥年和靖允在盧比安納中秋團圓的合照。

這場聚餐，盧卡說著流利的臺灣腔華語，讓我們其他三位臺灣人，明明身在異鄉，卻有著在臺灣跟老朋友們在一起親切感，若非盧卡的白人相貌，我們可能都忘了自己是在跟斯洛維尼亞跟當地人聊天。

自己會結識盧卡，是二〇一三年在大學單車社學弟的邀請下，回社團參加迎新活動時，認識剛來臺灣學中文的他，後來自己短暫在一間臺灣單車旅遊公司工作時，還有請已經結束課程的盧卡來幫忙，他是我唯一共事且合辦過臺灣單車旅遊活動的歐洲朋友，在這層關係下，盧卡於二〇一五年回國後，我們一直有保持聯絡，甚至專程到斯洛維尼亞，就是為了來找他敘舊。

　　至於臺灣朋友馥年和靖允，則是高中人文營相識的老朋友，大家認識十幾年，也是第一次在國外相見，並過中秋節，最感恩的是相見時，他們夫妻還贈送我一包從臺灣帶來的花雕雞泡麵，這是我在歐洲單車旅行裡收過最特別的補給品。

　　等大家吃完飯散夥後，馥年和靖允後續才好奇的多問我：「盧卡怎麼會想學中文？」

　　我當下也不知道，後來問了盧卡這個問題，盧卡的回覆也出乎我意料之外，他說：「最初考大學時想當記者，但是升學考試考差，填到錄取分數低的漢學系（中文系），從此開始學中文。而且漢學系的分數還比日文系低。」

　　盧卡後來沒有從事記者工作，他是一邊在當單車快遞打工，一邊寫碩士論文，也準備考取導遊執照，計畫之後能接一些需要中文導遊的案子。

　　這次到斯洛維尼亞造訪盧卡，還有一點讓我特別難忘：「終於聽到他跟旁人講斯洛維尼亞語！」在臺灣遇到他時，他身邊也沒其他來自同個國家的朋友，所以都只聽到他在說華語或英語，沒有機會聽到他講自身的母語「斯洛維尼亞語」，畢竟這國家的總人口數，只有兩百萬初頭，約臺灣總人口數的十分之一。

　　斯洛維尼亞由於人口數不多，周圍又有奧地利、匈牙利和義大利等大國環繞，在其他國家語言文化影響下，以前許多受過教育的斯洛維尼亞人都會說德語，甚至認為斯洛維尼亞語是未受教育的農夫才會使用的低俗語言，令斯洛維尼亞語一度在十八世紀面臨要滅絕的危機，有點類似臺灣今日許多本土語言面臨的保存困境。在這樣的情境下，卻出現了一位斯洛維尼亞人，奇蹟般地扭轉了斯洛維尼亞語走向消亡的劣勢。

瓦倫丁・沃德尼克（Valentin Vodnik，一七五八～一八一九）這一位斯

洛維尼亞神父、記者、詩人，發現到斯洛維尼亞語衰微的問題，擔心當大家都不再說這個語言，那斯洛維尼亞語就會消失，進而使斯洛維尼亞人對國家的認同感也消失。

　　為了證明斯洛維尼亞語是有「實用性」的語言，傳聞沒有下廚習慣的他，推出了用斯洛維尼亞語寫成的「食譜」，裡面記錄了三百道日耳曼料理，讓人能從中學習烹調異國風味的料理，受到村子中替神父們煮飯的廚師們的歡迎，甚至日子一久，食譜中的烹調技巧和詞彙也跟著散布到當地家庭中，間接帶動了斯洛維尼亞語的使用，創造了一本食譜拯救一個語言的傳奇。

　　對於有這段「特別的語言保存故事」的斯洛維尼亞語，我好奇的跟盧卡請教了一些實用的生活用詞，但聽完後只有「Hvala（謝謝）」的發音，像是中文的「嘩啦」，讓我記得住。

　　單車旅行停留在盧卡的國家，這短暫的一個禮拜下來，我在離境斯洛維尼亞前待的一間超市購物結帳時，也跟店員講了一聲：「Hvala」，作為我對這國家的回憶。如果不是認識盧卡，我想自己騎單車路過斯洛維尼亞時，只會對風景有印象，不會對這國家的語言有印象。

　　去一個國家旅行，有機會跟當地人好好聊天，甚至向當地朋友請教至少一個當地語詞讓自己學習並記住，才像是真正有來這國家停留過，不是路過。

首都盧比安納地標，龍橋上的青銅火龍雕像。

我的海外旅行不敢為了省錢，在免費食宿接待網站上，借宿只有男生一人的接待主，盧卡是我知道為人，才敢借宿。

夕陽與馬可波羅的故鄉

克羅埃西亞
CROATIA

扎達爾的夕陽。

　　克羅埃西亞是穿越歐洲單車之旅中，在自然風景上自己最著迷的國度，山海風景皆美，十月造訪時騎乘起來氣候非常舒適。在這個海岸線綿長的國度，號稱能見到歐洲最美的夕陽，至於私心最喜歡的景點，是造訪傳說中知名探險家馬可波羅的故鄉。

🚲 歐洲最美的夕陽

　　克羅埃西亞的海岸線相當綿長，約一千七百七十八公里長，轄內有一千二百四十六個島嶼。因此在這國家單車旅遊，沿著海岸線長時間騎乘，看到好幾次亞得里亞海畔的夕陽，甚至這裡也有號稱能見到歐洲最美的夕陽的點。

　　以下列出我在這國家對夕陽風景最有印象的三座城市。

🚲 扎達爾（Zadar）

這座城市位在克羅埃西亞中部，有名的景點是「海風琴」，號稱是世界上最大的管樂器。

這個景點是由克羅埃西亞知名建築師尼古拉‧巴希奇（Nikola Bašić）設計，於二〇〇五年完工，位在扎達爾的亞得里亞海畔。七十公尺長，且規則排列的潔白大理石階梯下有洞口，洞口內有埋三十五根長短粗細不一的管子。發聲的原理是當海浪湧入擠壓空氣後，空氣經由「風管」進入個別的「風箱」中，最後到達大小不一的「管子」，發出如管風琴般低沉的聲音。

在海風琴能聆聽由海浪自然演奏出的音樂之外，許多網路旅遊資訊也號稱，這裡能見到歐洲最美的夕陽，因此多數遊客會專程造訪此地，一邊聽海風琴聲，一邊看夕陽。

我在親自來訪時，海風琴聲真的很悅耳，在每一波海浪的大小都不同下，曲調也隨之千變萬化，彷彿聲音伴隨著海洋一起跳舞般優美，但是夕陽在遠處落下海平面的風景，卻沒有太讓我驚豔，大概是在臺灣海邊看過多次類似的風景，沒有新奇感的關係。

所以扎達爾的夕陽，資料上介紹是最美的歐洲夕陽，但卻不是我心中最美的歐洲夕陽。

扎達爾的海風琴。

史賓尼克的聖雅各伯主教座堂,快夕陽前拍攝。

🚲 史賓尼克（Šibenik）

　　這座城市位在扎達爾南方,最有名的景點是聖雅各伯主教座堂。

　　這是座哥德式建築的天主教主教座堂,供奉載伯德的兒子聖雅各伯,於十五世紀興建,曾在一九九〇年代的南斯拉夫內戰被損壞後又修復,於二〇〇〇年被列為世界遺產。

　　在騎乘單車到達此地參觀時,剛好是傍晚時分,也適逢日落的夕陽時光,光線顏色落在潔白大理石建的教堂上,牆面從亮白色轉成米白色,再變成微粉紅色,讓同一座建築的外觀有了不同顏色變化,自己反而沒從教堂那,眺望前方亞得里亞海面的夕陽。

　　等到晚上到達當地的青年旅舍 Hostel Splendido,在登記入住時跟老闆娘閒聊,老闆娘特別鄭重地對我這個外國人說:「一堆人都說扎達爾的夕陽是世界最美的,那不是真的!最美的是在史賓尼克這邊!」

　　於是我沒親眼看到夕陽的史賓尼克這城鎮,有著我聽過最美的歐洲夕陽,因為從歐洲一路單車旅行經過的十三個國家裡,只有在這間青年旅舍,遇到當地人如此自信地介紹當地的夕陽之美。

杜布羅尼克老城風景。

🚲 杜布羅尼克（Dubrovnik）

這座城市位在克羅埃西亞的南端，有著「亞得里亞海之珠」的美稱，以及悠久的千年歷史，當中最多人造訪觀光的老城區，緊鄰亞得里亞海畔，老城的四周又有著圍牆繞著，給人一種獨立於世的特別感。我在這城市停留一整天，下午來訪老城區時，遊客雖不少，但不至於太壅塞。

老城區曾在一九九〇年代南斯拉夫內戰受戰火波及後嚴重受損，現在的風景都是後來修復的，不過以潔白大理石為主體的建築，配上紅磚瓦屋頂，一眼望過去充滿歷史感，感覺不出這是重建過的。

為了飽覽老城風光，我額外花20歐元（約700台幣）購票，去走環繞老城區的城牆，儘管門票很貴，但親自登上城牆賞景下來，個人認為值得。

站在高牆上居高臨下，俯視老城內的紅屋瓦遍布，以及緊鄰的亞得里亞海畔的風景，再搭配著遠方海面上的夕陽，那一刻彷彿整個世界的風景都在我腳下，這是我未曾見過的夕陽風景。

因此我覺得歐洲最美夕陽風景，是在杜布羅尼克，且特別要從老城區的城牆上往下眺望。

🚲 傳說中的馬可波羅故鄉

馬可波羅（Marco Polo，一二五四～一三二四）這位歐洲旅行冒險家，被認為是歐洲人到亞洲旅行，特別是在中國，最早留下相關見聞文字記錄的第一人。

不過馬可波羅的出生地到底在哪？至今仍有爭議，有觀點認為是在義大利威尼斯（Italy, Venice），也有觀點認為馬可波羅父親在改姓氏前，是克羅埃西亞的姓氏，推測是在克羅埃西亞的科爾丘拉島（Croatia, Korčula）。至今義大利和克羅埃西亞兩國，在談論馬可波羅是否為出生於自己國家的人物上，也是各執一詞。

為了走訪馬可波羅傳說中的出生地，我在斯普利特（Split）這城市買了船票去科爾丘拉島。

以前國中讀歷史，知道世界上有馬可波羅這位探險家時，我單純認為他從歐洲勇闖亞洲，並探索異鄉，是一件熱情且浪漫的事，然而，一直到大學翻閱《中世紀的旅人》這本書之後，才發現在馬可波羅生活的中世紀，人類尚未使用電力和石油，所以無論交通和通訊都無法和現代相比，一離開原先生活地或自己國家，一切就是未知、生死未卜。

中世紀的人若非國家官方支援、做貿易或宗教朝聖等動機支撐，一般人是不會想去未知的遠方，跟現代人將去遠方旅行視為浪漫壯遊的想像截然不同，正是這些因素，才增添馬可波羅冒險的傳奇性。

乘船三小時後，約在下午兩點，我到了科爾丘拉島，從島上北端的維拉盧卡（Vela Luka）港口登陸後，就一路騎往南端的科爾丘拉城，馬可波羅之家所在地，看路標顯示約距離三十五公里左右。

本來以為小海島的路騎起來會很輕鬆，誰知一騎下去才發現，島上的橫貫公路有穿越島上五百三十公尺高的公路頂點，等翻山越嶺到達科爾丘拉城時已經傍晚，根本來不及去看景點就要天黑，所以我只好先去找住宿點。

來到海邊一間九號港口度假區（Port 9 Resort）詢問能否露營時，櫃檯服務人員回覆，露營區兩個禮拜前已經關閉，但是我可以免費去住，用櫃檯外的廁所，以及在櫃檯區充電電子產品和免費上網，甚至能去一旁的酒吧要熱水！

科爾丘拉城裡的傳說馬
可波羅故居。

　　能在觀光度假村內免費露營一晚這麼幸運的事，我相信一定是馬可波羅對我這個想專程來拜訪他故鄉的旅人，送上的美好祝福！

　　隔天早上，我走入了由白色石灰岩建築而成的科爾丘拉城裡，穿梭在窄巷和石階中，一下就找到相傳是馬可波羅出生故居的所在地，不過造訪時並未開放，所以我只能看著招牌和掛旗合照，記錄到此一遊過。

　　穿梭在不大的城裡，最讓我著迷的一刻是眺望城外蔚藍的天空與大海，那種小島特有的逍遙自在感，令人不禁猜想假如馬可波羅童年真的生活在此，應該是被小島面向世界的美麗山海風景，激起他探索世界的熱情吧！

　　對我來說，自己在臺灣遇到那些從歐洲來臺灣旅行、學中文或長期生活的歐洲朋友們，他們都是現代的馬可波羅。走入他們的故鄉是自己這趟歐洲單車旅行目的之一；踏入馬可波羅可能的出生地，則是意外的驚喜。

　　最後離開科爾丘拉城時，在門口處遇到行者無疆旅行社的臺灣旅遊團，讓我依稀想起前一晚露營住的度假村，疑似聽到有人講台語的聲音，差點以為自己聽錯，看來昨晚真的有臺灣旅行團和自己住在同一個度假村，雖然他們住飯店、我住帳篷，但是我們享受的是一樣的風景，而且我還免費獨享整個露營區。

　　克羅埃西亞是公認商業氣息很重的觀光國家，當地人不太接納單車客野營，遇到度假村允許免費露營，真的超級神奇。

各種路上的驚嚇——

前往特羅吉爾半途，後貨架螺絲鬆脫彈掉。

　　在克羅埃西亞這國家有美麗的自然人文風景令人醉心之外，在這國家單車旅行時，也碰上三件事：被狗追、單車貨架故障、可怕的怪聲，都是讓我措手不及並飽受驚嚇的事，也是長途單車旅行遇上會刻骨銘心，卻一點也不美好的回憶。

被狗追

　　在克羅埃西亞遇到的第一件驚嚇事是：**騎單車同時被兩隻大狗追**。

　　旅程的其中一天從海邊進入山裡，騎入十六湖國家公園（Plitvice Lakes National Park）的範圍後，進入一個村落，正當我在騎緩上坡時，經過一戶距離馬路約一百公尺遠的住家前，突然裡面沒被鍊圈綁住的兩隻大狗，往我這衝過來追車，讓我瞬間傻眼——居然同時被兩隻大狗追車。

一隻大白狗在旁不斷叫囂緊跟在右側，距離我約一公尺；另一隻我無法回頭看的大黑狗，還疑似要扯我車後座的馬鞍袋，因我感覺到後方行李有被碰觸及輕撞。當下我一度考慮抽出車架上的水瓶，在狗撲上來時，要直接打狗反擊，幸好一直繼續往前騎約兩百公尺後，兩隻狗才不再追我，雖然有順利脫困，但是人也嚇到背脊冷汗直流。

　　旅程在歐洲被狗追車的回憶，就獨留給克羅埃西亞了！然而，這不是我進行長途單車旅行以來，第一次同時被兩隻狗追！

　　上次自己騎單車同時被兩隻狗追，已經是二〇〇七年大二寒假和大學單車社朋友單車旅行，途經恆春半島北上時，被強勁落山風吹壓，側風大到一定要雙手緊握住單車把手以控制平衡，才不會被風吹到摔車之際，突然有兩隻狗一起追過來，當時我同樣在驚嚇中多踩個幾百公尺後，狗也就離去，但沒像這次，還被狗追到碰觸馬鞍袋這麼驚險。

　　在這趟歐洲單車之旅出發之前，我有特別詢問過保險業務員：「萬一在海外單車旅行被狗抓咬受傷，需要緊急在當地打狂犬病疫苗治療的話，自己投保的海外旅平險，會支付相關醫療費用嗎？」

　　答案是：「有。」但幸好我沒有用到這項服務。

　　不過個人也蠻好奇別的單車客到海外單車旅行，遇上被狗追的情況時，是如何應對？去了臉書的海外單車旅行社團詢問，發現不少人都有遇過這樣的情況，整理自己和別人應對騎單車被狗追的方法，並分享如下。

1 不管狗追繼續騎

自己常用，狗通常有地域性，離開牠們的範圍就沒事了。

2 突然停下

自己和別人都有用過，狗會被嚇到反而不追。有人甚至回去追狗，把狗嚇跑；還有人分享自己站在單車後面對峙，讓狗知難而退。

3 對狗大聲斥喝

自己沒用過，別人分享狗會被嚇到。但我心想，居然有人敢斥喝回去。

自己完全沒想過用這招，而且國外不是到處都方便取水，所以我不會想把飲用水耗在驅趕狗上。

５ 準備驅狗專用的器材

有人分享可以準備驅狗器、粗大伸縮天線或自製辣椒水，用來驅狗。

單車旅行時遇到被狗追，對當事人來說，普遍是蠻狼狽的回憶，但每次跟人分享這狀況時，奇妙的是，不少人第一反應是：「一想到那畫面就忍不住開始笑。」

🚲 單車貨架故障

在克羅埃西亞遇到的第二件驚嚇事是：**單車後貨架的螺絲突然鬆脫彈掉。**

從史賓尼克（Šibenik）到斯普利特（Split）這段路程，自己是沿著海岸線騎，但可能被那天沿途的烈陽晒昏頭，不知哪根筋不對，居然騎到憶起一段以前在臺灣東部單車旅行時，發生後貨架鬆脫出狀況的往事。

沒想到回憶完這往事不久，快到古城特羅吉爾（Trogir）的路上，突然覺得單車後座變超重，且明顯聽到東西摩擦地面聲，嚇到我趕緊停下車轉頭一看，只見到單車後座的貨架往後倒在地，當下心想：「不會貨架斷裂了吧？」

愣了幾秒後，馬上下車查看貨架狀況，確定不是貨架斷裂，是其中兩顆螺絲脫落彈掉，立刻查看路面上是否能撿回脫落的螺絲，最後有撿回一顆。我當下發愁後貨架只鎖一邊載行李，有可能承受重量不平均，後貨架會被行李重量壓壞的風險。思考怎麼辦之際，再瞄了一眼單車架，還好找到裝後貨架時拆下的螺絲，當時鎖在單車架別的孔上，確認有多的螺絲可移過來鎖後貨架時，才鬆口氣不用攔便車或花錢找車，載去單車店修理。自行排除這場完全沒料想過的單車旅行危機後，繼續出發到特羅吉爾古城參觀，在天黑之際，趕到這天旅程的目的地。

不得不說長途單車旅行時，獨自騎車多的是時間與自己對話，難免會勾起往事，可以的話就多想些好事，不然獨自騎車半途想到過往單車旅行碰到的事故，居然還「心想事成」，讓自己被這樣的巧合嚇成了深刻的回憶。

01

02 03

01 前往特羅吉爾的路途風景；
02 前往特羅吉爾路途中四種語
言的告示牌；03 特羅吉爾古城。

🚲 可怕的怪聲

在克羅埃西亞遇到的第三件驚嚇事是：**騎車時身後爆出淒厲且高分貝的男人鬼叫聲。**

從克羅埃西亞的杜布羅尼克（Dubrovnik）再往南走，前往另一個巴爾幹半島小國蒙特內哥羅（Montenegro）的路上，我遇到整趟穿越歐洲單車之旅下來，聽過最可怕和不舒服的聲音，就是高分貝的男人鬼叫聲。

或許汽車駕駛或車內乘客嗑了毒品，還是神經病發作想作弄人，車子行經過我身後時，突然爆出淒厲且高分貝的鬼叫聲，當時，我聽得出是男人發出的聲音，那聲音比指甲刮黑板更噁心，到令人作嘔的程度，比被車子從身後亂鳴喇叭，更令人受不了。而且這樣詭異的事，在同一路段遇到兩次。

海外長途單車旅行上路兩個月半下來，自己早練就「能忍住背後突發的汽車喇叭鳴聲，並繼續握穩手把，踩踏單車向前騎乘」的功力，但是無法練到完全不被喇叭聲和怪聲影響心情的程度，尤其是背後突然傳來的男人鬼叫聲，這帶給自己心中很大的陰影和壓力，深怕這路上會有人從我背後做出更詭異的行為，導致我摔車受傷或遇到其他傷害。

　　這樣無形的擔憂，一直到入境蒙特內哥羅，我趕緊離開車流量較大的主幹道，繞去車少的海邊小徑後，才讓我慢慢揮去騎單車時，突然被身後男人鬼叫聲嚇壞的陰霾，重拾好心情。

　　每每回顧看克羅埃西亞拍下的漂亮山海風景照時，很難不回憶起在這國度的旅程中，發生過這些在別的國度都沒遇到的驚險狀況。雖然衰事比美景難忘，但幸好沒有因為這些狀況，導致人身安全出意外受傷，使我得要放棄旅程。**可以繼續一路騎下去，我想幸運之神還是有眷顧我。**

　　沒人喜歡旅行中遇上不如意的事，卻得說太過順遂的旅行，很難有深刻的回憶和感受，旅途上還是得遇到一些突發狀況的試煉，才會有精彩的故事，就像原石要經過琢磨，才會成為寶石般，特別是騎單車上路旅行，一路上好事和壞事都不會少遇到，這是長途單車旅行讓人著迷又困擾的微妙之處。

離境克羅埃西亞的海關，準備進入到蒙特內哥羅。

後話 TALK

遇到的三個驚嚇狀況中，個人受到最大驚嚇的，是騎單車身後突然爆出男人的鬼叫聲，這就是人比鬼更可怕的具體體驗。

戰後的傷痕風景—

波士尼亞

BOSNIA

塞拉耶佛市區滿是彈孔的房屋。

　　歐洲獨有這國家的全名，長到會無法一眼就記住：波士尼亞與赫塞哥維納（Bosnia and Herzegovina）。我期望親自拜訪導致第一次世界大戰爆發的「塞拉耶佛事件」發生地，我才從克羅埃西亞海邊往內陸騎，深入這國家，不然一路沿著克羅埃西亞的海岸線南下，只會經過這國家僅有的卄公里海岸線而已。

🚲 前進有地雷的國家

　　我初次聽到這國家的名字，是國中時偶然看到一段新聞新聞報導，介紹《三不管地帶（No Man's Land）》這部電影，拿下奧斯卡最佳外語片獎，故事場景是在「波士尼亞」這國家，內容大略是講述南斯拉夫分裂後的波士尼亞內戰（一九九二～一九九五）期間，互相敵對的塞爾維亞人和波士尼亞人兩方陣營，各有士兵困在戰線中央的同一條壕溝，

當時有人身下埋有地雷待清除，荒謬的是，沒有任何一邊想救人，都推給聯合國來處理。

在斯洛維尼亞跟當地友人盧卡（Luka）碰面時，有提及之後的單車旅行路線，會去「波士尼亞」這國家，盧卡立刻回覆我：「妳知道這國家還有內戰的地雷未清完吧？騎單車不能離開主要道路。」對方的好意提醒，講了跟我唯一帶的一本旅行工具書《地球的步方—東歐》裡，一樣的資訊。

即使知道騎柏油路就能避開地雷，但對於地雷的恐懼感，使得自己之前每跨越國界到一個新造訪的歐洲國家時，都有的快樂期待感，卻不包含這國家，即使如此，自己依舊想拜訪這有著許多故事的國家。

🚲 漫步在塞拉耶佛

在莫斯塔爾（Mostar）停留一晚，把單車和一些行李寄放在青年旅舍後，隔天傍晚我背著登山背包，搭乘一天只有兩個班次的火車，就去波士尼亞的首都：塞拉耶佛（Sarajevo）。沒有騎單車去，純粹是旅程規劃上，時間已經來不及騎單車去造訪。

來到了塞拉耶佛，讓人眼睛一亮的是漫步在舊城區內，西邊是伊斯蘭世界，東邊是基督教世界，能輕易的見到穆斯林清真寺、東正教堂、天主教堂和猶太教堂等不同宗教的建築，見識不同民族的波士尼亞人、塞爾維亞人、克羅埃西亞人，在同一座城市交會；也參與了這座城市中不同的故事，理解這座城市為何號稱歐洲的「耶路撒冷」。

🚲 參與的第一件事：第一次世界大戰觸發地

我對於「塞拉耶佛」這城市名的印象，比這城市所屬的國家名字還鮮明。跟在中學教歷史課的大學好友一聊，大家都聯想到觸發第一次世界大戰開打的塞拉耶佛事件。

一九一四年六月二十八日，奧匈帝國王儲弗朗茨·斐迪南公爵（Franz Ferdinand）和太太經過拉丁橋（Latin Bridge）時，在此被一位塞爾維亞裔青

01 ┊ 02 ┊ 01塞拉耶佛事件成為第一次世界大戰導火線的發生地：拉丁橋；02塞拉耶佛老城區販售的子彈形狀紀念品。

年普林西普（Princip）刺殺遇難，使得原本就為利益糾紛，早有內在衝突的歐洲各國，再也無意隱忍衝突，開打成全面性戰爭。

　　換成背包客旅行來此地，親身走到「塞拉耶佛事件」發生地，站在這重大歷史事件發生的轉角口，見到人來人往、平凡如常的生活，若非見到紀念碑文和照片豎立在角落供世人追憶，可能都忘了百年前這裡曾經發生過大事。

　　一圓想朝聖重大歷史景點現場的期望後，離開了拉丁橋，繼續漫步在市區，很快地就看到這座城市在第二次世界大戰結束後，還落入一九九三～一九九五年傷亡上萬人的圍城之戰中的痕跡，而且遍及全市區。

🚲 參與的第二件事：塞拉耶佛玫瑰

　　步行在塞拉耶佛市區時，有時能在路上見到地面上有些區域刻意被鐵條圍起來，圍起來區域內凹凸不平的點被刻意漆上紅色，宛如灑在地上的玫瑰花瓣，這在當地被稱為「塞拉耶佛玫瑰」。

　　這些塞拉耶佛玫瑰並不是特製的城市造景藝術設計，而是赤裸地紀念一九九三～一九九五年波士尼亞內戰裡塞拉耶佛圍城之戰中，曾有人在此被射到地面爆炸的飛彈襲擊傷亡的痕跡，每一朵「塞拉耶佛玫瑰」，都有當地人的鮮血流過。

停留在這座城市的第二天下午三點半,從塞拉耶佛歌劇院旁,跟隨一位專門講述自身歷經圍城之戰故事的男士,跟著他的徒步導覽活動,踏過了塞拉耶佛玫瑰,進入市區巷弄內,仍可見有些屋子牆面依舊留著被砲彈炸損的內戰痕跡,市區不少類似狀況的建築,屋主們於內戰期間逃難離去,在至今仍找不到人的狀況下,無法解決擁有權的問題並進行重建。

姑且稱那位描述歷經圍城之戰的男士為塞拉耶佛先生。他的年紀不大,自述一九九三年圍城之戰發生時,還是個七歲小孩,甚至圍城之戰剛發生時,沒有概念那是戰爭,只知道大人跟他說不能繼續住在原本位在八樓的家,要玩一場遊戲,所以住到地下室。他連續住了三週後,才感到不對勁,發覺這似乎不是一場遊戲。

他講了戰爭期間父母親的生活,父親是塞爾維亞裔卻加入波士尼亞人軍隊,對抗塞爾維亞人的軍隊,因為不認同塞族軍隊攻擊他們所居住的城市;母親是波士尼亞人,戰爭時期間因為沒大眾運輸工具可搭,都從居住處來回走八公里去市區的政府機構上、下班,即使隨時都可能遇到砲彈襲擊而喪命,照樣要打扮流行和穿高跟鞋出門。

戰爭下沒從軍的老百姓,即使知道一出門可能有在隨機發生的槍林彈雨中喪命的風險,依然要為生計出門,這才是更殘酷的事實,也是多數免於生活在戰爭下的人,難以想像的事。

01　02　01聖心主教座堂和塞拉耶佛玫瑰;02塞拉耶佛奧運場館外的穆斯林墓園。

聽了塞拉耶佛先生分享的許多故事後，在導覽結束前，他帶所有人到一座美援牛肉罐頭的雕像前，談到內戰期間食物來源的情況，食物都免費，但是品質非常糟，美國贈送的牛肉罐頭味道難聞到有如狗食，媽媽在料理時非得加許多鹽壓住味道後才能下肚。另外令他難忘懷的是內戰剛結束之際，媽媽用耳環以物易物在黑市買的巧克力，那滋味他在內戰期間不曾品嚐過。

🚲 參與的第三件事：塞拉耶佛奧運館外的墓園

我曾在網路上看過有人分享歷屆奧運比賽結束後，那些奧運場館後來的狀況，其中有一張圖讓我震驚許久，為辦過一九八四年冬季奧運的塞拉耶佛奧運場，部分場館在內戰後變成墓園。

到了塞拉耶佛，看著手機裡電子地圖 Maps.me，上面顯示奧運場館外是一大片墓園，我詢問青年旅舍的服務人員：「如何搭市區電車到塞拉耶佛奧運場？」對方也回：「搭 107 號電車坐到底，經過一大片墓園就會看到了！」

塞拉耶佛是歐洲最早且全天從早至晚，運行有軌電車的城市。搭上電車途經左右夾道的大片墓園後，就到達奧運館外圍，下車後我徒步往市中心走，看著沿途依宗教信仰分區而葬的墓園，無論是伊斯蘭教墓園或是基督教墓園，都是一眼眺望不盡的上千座墳墓，也看到了波士尼亞內戰的塞拉耶佛圍城之戰中死亡的一萬三千九百五十二人的其中一些。

圍城之戰期間，由於白天仍有軍事攻擊風險，亡者的家屬還得趁傍晚或晚上戰火停歇的空檔，才能匆匆收屍，找地方將亡者下葬，因此不少這座城市本來要規劃成公園的地方，都在內戰期間轉作為墓園使用。

這座城市、這個國家，見得到墓園比公園多的景觀，回顧了這座城市的歷史後，我一個外國人只剩疑惑：多民族與不同宗教生活在此，是註定這城市到這國家，會發生如此慘烈傷亡內戰的原罪嗎？

塞拉耶佛是我去過的所有歐洲城市裡，最能輕易見到戰爭故事的城市，儘管談起戰爭過往沉重，但散步在舊城區時，各式宗教建築、平價美味的在地飲食，卻很吸引人停留享受，這景象形成強烈的反差，使得這座城市有著不同於歐洲其他城市的獨特魅力。

🚲 莫斯塔爾的招呼和道別

我在波士尼亞停留的第一晚和最後一晚，都是在這國家的第二大城：莫斯塔爾（Mostar）。

第一天騎入波士尼亞，從山丘上騎單車沿著山路下滑，一過了標有莫斯塔爾名稱的牌子，就能望見一大片墓園在左手側，迎接外地人到訪，是我到訪這座城市的第一眼風景。

一進市區隨處能見內戰損壞後仍未修建的戰爭廢墟，強烈的內戰傷痕陰影，仍感受的到停留在這國家，所以對這城市第一印象，是給人莫名的沉重感。

幸好在當地的迷人屋青旅（Hostel Lovely Home），遇到親切的接待主人阿曼（Arman），在他推薦下去一間 Rota 餐廳吃該國的代表料理「切巴契契（ćevapčići）」，這一種流行於巴爾幹半島地區的菜餚，是用碎肉做成的肉卷搭配生菜和烤餅食用的巴爾幹半島漢堡，讓原本緊繃又有點疲憊的身心，在吃了這道美味的平民食物，加上一瓶啤酒後，就像施了魔法般，帶給了我好心情，也才讓我對這國家的感覺逐漸變開朗，不局限在沉重的內戰過往，才有動力在這國家繼續旅行。

之後從去了五天的塞拉耶佛搭乘客運返回莫斯塔爾，約下午四點抵達，我去莫斯塔爾老城區用晚餐，過了旅遊旺季的老城區，在十月平常日傍晚，其實沒有什麼遊客，店家不是已收起來、就是準備收攤，逛起來相當清閒，可以有更多空間看風景。

走到了老橋附近，正好有夕陽餘暉映照在上方雲層，清真寺的拜喚聲響起，美麗的風景吸引人佇足，就像當個守橋人，我見到心中覺得這座城市最美的一刻。

事實上「莫斯塔爾（Mostar）」一詞在波士尼亞語裡即為「守橋人」。

莫斯塔爾的老橋是興建於十六世紀的橋梁，橫跨內雷特瓦河（Neretva River），用石灰岩搭建，橋下沒有支柱，在數百年前這是非常前衛的建築技術。然而，古橋曾於一九九三年的波士尼亞內戰期間被摧毀，之後透過國外募款和資助重建，才於二〇〇四年重建好開放，隔年該橋及周邊地區被聯合國教科文組織列為世界遺產。

這座老橋有一個另類的傳統，就是「跳水」。城裡的年輕男子倘若敢跳入冷冽的河水裡，就能證明自己的勇敢，甚至此地在一九六八年開始，每年夏天舉行正式的跳水比賽，吸引人群觀看。有時也有人會在此收費表演跳水。不過十月來此，已見不到這特色活動。

　　欣賞到夕陽時分莫斯塔爾老橋風景的隔天，在離開這城市的路上，單車踩了一小段上坡，迎面而來的道別又是墓園，只是我已經沒有再去多看那些墓碑的卒年，有多少是停留在一九九三年，就告別了波士尼亞這國度。

　　來波士尼亞前，自己也造訪過臺灣離島的金門和馬祖，以及日本沖繩等戰地，但在那些地方，隨著時間慢慢久遠，戰爭留下的傷痕和陰影，已經逐漸淡化，可是在波士尼亞，這一切卻很強烈，彷彿濃厚烏雲籠罩的天空，陽光難以穿透，我這才比較能理解，為何戰爭結束後，很多受害的人即使沒有身體受傷，心理會一直有著傷痛，甚至需要專業的諮詢輔導治療。

　　祝福這個國家即使戰爭的傷痕不會輕易消失，也能隨著時間慢慢平復。

01 02　01 號稱巴爾幹漢堡的切巴契契（ćevapčići）；02 莫斯塔爾的老橋與黃昏。

後記 TALK　　如果你旅行是為了放鬆和快樂，波士尼亞會不適合來；但如果你旅行是想探索歷史和人性，則值得專程來訪這國度。

逝者在前

半途遇到拉上封鎖線的死亡車禍。

　　單車旅行騎入蒙特內哥羅這個國家，從科托爾（Kotor）往南騎到布德瓦（Budva）的路上，遇到前方發生死亡車禍事故，封鎖線攔住了去路，再加上一種常見的巴爾幹半島路邊風景，讓我這一天騎到一身冷汗直流。

🚲 死亡車禍發生封路

　　在蒙特內哥羅離開科托爾（Kotor）向南前往布德瓦（Budva）路上，沿途山壁緊鄰一旁亞得里亞海，這山海交錯的風景，美不勝收，有點類似臺灣蘇花公路的風景。在騎經一個岔路口前，見到警方擋住車子前進，自己從旁邊繞過繼續向前也沒被攔，內心竊喜。

　　路上沒其他車很好騎，正在開心之際，穿越一段明隧道後，見到一堆車子停在路上，但卻看到不少人站在路邊，直

到前方見到一輛大貨車橫亙馬路中間，擋住往來車輛的行進，又有封鎖線拉起，穿過兩側車道，以及警察人員站在那，我確定無法再闖過去，才只好停下來。

遠眺封鎖線後一看，線後方約幾十公尺處，有輛砂石車停在那，將視線往砂石車前方地面看一眼，居然見到有人雙腳躺在地上，下方似乎有血跡流出，且染紅地面，這才察覺到：前方發生死亡車禍！

看到剛喪命的車禍逝者在前，由於只從遠處瞥見逝者雙腳，反而覺得不如巴爾幹地區路邊常見的車禍逝者紀念碑，有放逝者照片來得嚇人。

騎單車遇到前方發生死亡車禍封路的狀況，沒有替代道路能走，只能耗時間在原地等待狀況排除，等待的同時，我也推測前方發生現場死亡車禍的地點，過不久就會設立車禍逝者紀念碑了吧！

🚲 天涯海角遇到的臺灣旅行團

我坐在路邊等待車禍狀況排除，用手機打記錄殺時間之際，一位擁有東亞面孔的女士前來打招呼，並以親切口音用華語說：「妳是臺灣來的吧？看妳手機上用的是繁體中文字。您好！我是臺灣晴天旅遊的領隊 J。」

我也回應：「我的確是臺灣來的！」回覆地同時，也依稀地想起騎到封鎖線前的沿途，好像有看到像是旅遊團的人在路邊等待，原來那是臺灣旅遊團！

在 J 的邀約下，自己就跟著她過去後方的遊覽車和臺灣旅遊團攀談聊天。在走過去的路上跟 J 簡短攀談，她苦笑地說：「帶過這麼多團，也第一次碰上車禍封路的！」

我也再跟她多聊：「一入境巴爾幹半島後，遇到的臺灣旅遊團竟然比中國旅遊團還多！」她挑眉微笑地說：「因為巴爾幹半島沒什麼好買的！」

跟著 J 走到遊覽車停車處後，一群臺灣阿姨和叔叔們很驚訝我女生一人從臺灣來歐洲自助單車旅遊，也熱心詢問是否需要食物和水，沒想到因為車禍封路，反倒能遇到臺灣同鄉的溫情關心和詢問協助，由於自己攜帶的食物和水還非常足夠，就婉拒他們的好意！

01 02　01科托爾古城；02科托爾峽灣風景。

　　詢問是否需要協助之餘，熱情的臺灣旅遊團，仍然把握難得遇到臺灣單車客，自助遊歐洲巴爾幹半島的機會，有團員拿出旗幟要合照紀念，自己也沒有理由拒絕，結果一群臺灣人就在漫長的車禍封路等待中快樂合照，讓旅程即使無法順利照進度走，也依然維持好心情。

　　等待期間 J 還告知大家，遊覽車司機用手機查詢後，發生在前方的車禍事件已經上當地新聞了！事實上蒙特內哥羅人口才六十萬人，國土面積只有臺灣的 0.4 倍不到，在這樣的小國，任何死亡車禍都會是新聞。

　　最後等了快兩小時，才終於見到警方排除車禍事故，並拉掉封鎖線，能再繼續前進，我才跟一同苦中作樂的臺灣旅遊團道別。

🚲 一張永遠忘不了的黑白照

　　離開車禍現場後，在繼續前進的路上，向上爬緩坡時，路過了兩邊都是山壁的路段，正好覺得一直緊看前方有點累，頭一轉旁邊，想換一下視線，就撞見一個車禍逝者石碑，上面貼著一張照片有點泛白的小男孩黑白照，彷彿在直視自己，自己瞬間被嚇到，全身流的熱汗瞬間變冷汗。

　　一天內莫名其妙遇到死亡車禍現場，又撞見車禍亡者照片被嚇到，讓人整天心情都不太對，就算沿途風景依山傍海很美，也無心享受。

幸好距離天黑前一小時，半途遇到一位奧地利騎士大哥愛德華（Ewald）來攀談，他正在等旅伴，一位德國騎士拉斐爾（Raphael），所以在有人能和自己簡短聊天下，才讓我轉移思緒，他們也好心分享前方不遠處有露營地的資訊，於是我就在他們的指引下，找到了一間關閉，但能免費紮營的海邊露營區，但是那夜就是輾轉難眠。

🚲 不適應的巴爾幹地區風俗

歐洲長途單車旅程進入巴爾幹半島國家後，多數時候都是騎在一般道路，和各種車子一起走在同一條路上。但是，刻板印象裡歐洲汽車駕駛很禮遇行人和單車客，幾乎不會按喇叭亂鳴的良好駕駛習慣，不適用於此。

在駕駛秩序類似臺灣的情況下，巴爾幹半島小國的車禍發生紀錄，能很輕易地從路邊看到，騎在主要幹道上前進時，沿途多少能見到花圈、花束掛著，或石碑設立放在路旁，石碑上面一定刻著人名和標明生卒日期，有的石碑還貼有人頭像照片或是陰刻上人頭圖像，這些全是紀念車禍逝者。從克羅埃西亞騎到保加利亞的路上，是一種騎單車會看得格外清楚的路途風景。

尤其是有著人頭像的車禍逝者紀念石碑，是我單車旅行在巴爾幹半島地區，一直吃不消的風景，自己在臺灣就非常不喜歡見到有貼照片的墓碑，感覺就是像亡者在看你，沒想到在臺灣不喜歡的風景，竟是巴爾幹半島地區，路邊的常見風景。

不過還好騎單車時，視線重點通常是望向前方，遠遠見到路邊的石碑隱約是車禍逝者紀念碑時，我會自動閃開眼角餘光的視線，少看到石碑上的人頭像，以免自己被嚇到。

由於自己始終不適應歐洲巴爾幹半島上，這種在事發地紀念車禍逝者的風俗，終於在保加利亞趁投宿熱水澡，且跟接待主人加林娜（Galina）和丁科（Dinko）夫妻聊天時，忍不住問他們：「為何巴爾幹半島地區，會有為車禍逝者在事發地的路邊，立碑紀念的文化？」

對方回：「這是車禍逝者的家人，單純紀念自己親友不幸在此地離開大家，但我們相信逝者在車禍死亡當下，就已經上天堂了。」

我好奇再多問：「那車禍逝者的遺骸也是埋在路邊紀念碑下嗎？」

對方回覆：「遺骸還是葬在墓園。」

聽完他們的解釋，只能心底苦笑早點知道這事，就不會騎單車看到那些車禍逝者紀念碑，特別是有的路段數量較多時，聯想到「抓交替」這臺灣民間觀點，而嚇到自己了。

查了一下，歐洲巴爾幹半島面積約有五十五萬平方公里，約為臺灣的十五倍大，總人口數卻只有將近五千五百萬，為臺灣人口數的二點四倍多，所以路邊才有空間放車禍逝者紀念碑吧！

不然像臺灣部分死亡車禍率高的公路，例如，北宜公路，若也有歐洲巴爾幹半島這種在路邊設立車禍逝者紀念碑的文化，可能有些路段會設滿滿的車禍逝者紀念碑，甚至有放不下的困擾吧！但這先不談你想不想在路上，看到一堆不認識的陌生人車禍死亡紀念。

01-03 巴爾幹半島在車禍事發地，紀念逝者的風俗。

旅行遇到了一時無法接納的在地風俗，可以透過請教當地人風俗緣由，才能理解現象，從中找到適應文化差異的方法。

開
青
年
旅
舍
的
臺
灣
人

———

阿爾巴尼亞
ALBANIA

地拉那 Taipei 101 青年旅舍的招牌。

　　入境阿爾巴尼亞前，我上網搜索一下首都地拉那（Tirana）有哪些青年旅舍可以住，一間青年旅舍的名稱，深深地吸引我的目光，後來到訪這間青年旅舍時，發現經營者竟然是臺灣人，這成為旅程裡，在這國家最深刻的回憶。

🚲 找尋 Taipei 101 青年旅舍

　　查詢阿爾巴尼亞首都地拉那的青年旅舍資訊時，赫然看到青年旅舍名單中有一間名稱叫「Taipei 101 Hostel Tirana」！第一眼見到這名稱時，差點以為自己看錯，怎麼可能在阿爾巴尼亞，這與臺灣幾乎沒交流的國度，會有人用臺灣景點命名？抱著好奇的心情，我專程前來。

　　計畫前去拜訪的當天，我從鄰近蒙特內哥羅的邊境城市斯庫台（Shkodër）出發，沿著 SH1 這條快速道路一路南下，見識到汽車逆向駕駛，可以有超過二十輛一起行駛的驚人

01 地拉那Taipei 101青年旅舍內部；
02 地拉那市中心的斯堪德培廣場。
有阿爾巴尼亞的民族英雄斯堪德培
雕像和巨幅國旗；03 地拉那市中心
有Taiwan字樣的停車牌。

景觀，加上路上汽車喇叭有時彷彿交響樂演奏般此起彼落，能平安騎到首都地拉那，自己都覺得不可思議。

單車騎入地拉那市區後，吸著糟糕的空氣品質，在混雜的車陣中前進時，路上看得到不少輛賓士車，連計程車也是賓士車，但是不少賓士車看得出有點歲月。

以前聽聞一位資深的臺灣國際領隊談過，這國家的賓士車很多都是偷來的，甚至因當地汽車失竊率過高，使得許多歐洲國家的汽車保險理賠會註明：「不理賠在阿爾巴尼亞失竊的汽車」。

在這座交通混亂的歐洲城市街道穿梭，在到達手機上電子地圖Maps.me的標記點時，卻找不到這間青年旅舍，只好硬著頭皮找路人詢問：「請問這裡有一間Taipei 101 Hostel Tirana嗎？」一位聽得懂英文的當地人回覆：「那間青年旅舍曾經在，現在已經不在這了！」

一頭霧水之下，礙於當時手機沒有行動網路，到達地拉那的第一晚，只好先住別間青年旅舍，上網用 Google 查詢地址時，發現 Google 地圖顯示位置和電子地圖 Maps.me 的位置不同，到底發生什麼事？

隔天找到了 Taipei 101 青年旅舍，入住後詢問經營這間青年旅舍的臺灣夫妻賴桑和 Karen，對方才談：「一開始用來營業的租屋，被不負責任的當地仲介擺一道，根本沒和出租房東溝通清楚租借用途，導致房東後來反悔不出租，只好搬遷到現址。」

後來，我才知道電子地圖 Maps.me 的資訊是每半個月才更新一次，因沒下載到更新後的版本，所以才產生這段找尋青年旅舍的波折。

🚲 為何想在這開青年旅舍

「阿爾巴尼亞」對多數臺灣人來說，是個陌生到不清楚在歐洲的國家，對臺灣歷史有點興趣的人，若是回顧一九七一年中華民國退出聯合國這段往事時，在看關鍵的「聯合國大會第 2758 號決議」，會看到是由阿爾巴尼亞這國家領銜提出，支持中共取代中華民國在聯合國的中國代表權，是這個歐洲國家與臺灣歷史直到現在，唯一有重大關聯的一刻

再來，阿爾巴尼亞於一九九〇年代之前雖然是共產主義國家，但卻是鎖國孤立於巴爾幹半島的其他國家之外，使得這國家又多了一層神祕色彩，連歐洲其他國家的人，多數也對這國家很陌生。

不過賴桑和 Karen 於環遊世界旅行時，來到阿爾巴尼亞後，發現這國家的經濟正在發展中，沒有太多跨國企業進駐，有投資並發展做小本生意的空間，於是決定暫停環遊世界，留在阿爾巴尼亞。

我好奇提問：「為何是選擇開一間青年旅舍？」

賴桑回覆：「旅行世界各國住青年旅舍下來，很喜歡這樣的旅人交流空間，而且阿爾巴尼亞對外國人投資經商的條件非常寬鬆，在首都地拉那的市中心商業大樓非常容易租到空間，費用也便宜，對開旅館或青年旅舍也沒什麼法規限制，於是我們貸款並用約 50 萬台幣的資本創業。從二〇一七年九月開始籌備一個月後，十月就開幕。」我在十一月初入住時，才開幕不到兩個月。

聽完他們的解說後，我接續提問：「為何會用臺灣景點『Taipei 101』名稱命名青年旅舍？」

賴桑回覆：「阿爾巴尼亞首都，地拉那的市中心，有座噴水池和咖啡店就叫作『Taiwan』。據說是這國家的建商曾來過臺灣，就用臺灣命名。因此 Karen 想了一下後，就決定用臺灣知名地標『台北 101（Taipei 101）』來命名青年旅舍，與地拉那市中心的臺灣池（Taiwan Pool）相互對應。」

🚲 好奇而來住宿的旅人

住在 Taipei 101 青年旅舍的四天，是這趟穿越歐洲單車之旅裡，遇到最多臺灣旅人的地方。

詢問其他臺灣旅人前來住宿的理由，都是因見到有青年旅舍用臺灣景點命名，有親切感並好奇來住。再與其他國籍旅人相聊，多數人也出於同樣理由前來住宿，當中有人也來過臺灣，會幾句中文，攀談時一下就拉近距離。再加上正逢當地旅遊淡季，住多人房一晚費用只要 7 歐元（約 250 台幣）有附早餐，相當划算。

在這遇到各有來頭的臺灣背包客，有結束英國度假打工準備要回臺灣的旅行藝術家 Kiwi；持著匈牙利度假打工簽漫遊巴爾幹列國的背包客貞翊；誰說中年男子不能當背包客的磁鐵大哥；代替沒有好好享受過人生的兄長走世界的聖烈大哥，一群人湊在一起，大家都有聊不完的旅遊經。

老闆賴桑看臺灣旅人的人數夠多，揪團請大家分攤車資，由他開車載大家出遊，分兩天造訪阿爾巴尼亞其他城市，克魯亞（Krujë）、都拉斯（Durrës）和培拉特（Berati），也跨國到馬其頓的奧赫里德湖（Macedonia, Ohrid），去了旅途裡原本沒計畫去的地方，雖然不是單車旅行去的，不過能跟一群合拍的臺灣人結伴旅遊，對獨遊許久的自己來說，真是再奢侈不過的享受。

這幾個景點下來，自己最喜歡的是培拉特（Berati）的夜景，這座保留著鄂圖曼帝國統治時期特殊建築風格的城市，從市區的奧蘇姆河（Osum River）的河畔遠眺，可見沿著山丘興建屋舍上都布滿直立式的窗戶，令這座城市有獨特的美名為「千窗之城」，也在二〇〇八年被聯合國教科文組織入選為自然文化遺產的城市。

培拉特古城有千窗之城美名的夜景。

　　尤其這片布滿山丘到河岸前的建築，在夜晚的華燈打在外牆上，屋內開燈後發光的窗戶，更散發著獨特的奇幻感，令我聯想到日本知名動漫大師宮崎駿作品裡的「霍爾的移動城堡」。

🚲 感動與考驗

　　趁著住宿和出遊空檔跟賴桑與 Karen 夫妻攀談下來，他們分享從自助旅人轉換成停留在當地接待旅人的青年旅舍經營者，不同身分的旅行，有著不同的感動。

　　對他們來說，遇到有著不同故事的旅者最難忘，像是有位獨自帶著三位尚未讀高中的小孩環遊世界的韓國媽媽，住宿後寫部落格分享故事，吸引了其他韓國旅人前來投宿，令他們感恩對方的熱情推薦。

　　可在經營現實上，創業不久的他們，也困擾著要如何處理承租空間設備整修的問題，得面對投宿客人的各式狀況；煩惱著如何跟需要關係才能辦事的阿爾巴尼亞官方打交道，仍得在諸多不確定中，自行摸索著理想的營運獲利模式，處處充滿考驗。

　　創業比旅行不容易，相信帶著自助旅行勇敢跨出未知每一步向前的精神，一切問題都會迎刃而解。

喜歡挑戰自助旅行的旅人們，往往最富有的不是金錢，是面對未知挑戰的熱情、找尋生活意義的熱忱，這才是屬於旅人獨有的寶藏。

🚲 後來的 Taipei 101 青年旅舍

自己結束海外長途單車旅程後，一直有跟賴桑聯絡，他後來調整經營方向，轉變成帶小團包車的半自助旅行團為主，在二〇二〇年二月將這間青年旅舍賣給其他臺灣人經營，但是才剛轉手，就遇到武漢肺炎（Covid-19）疫情在全世界大爆發，於是就黯然停止營業。

但是在自己心中，會記得這段臺灣旅人在歐洲巴爾幹半島上，開設青年旅舍創業的傳奇，也感恩在那停留的短暫數日，結識了在旅程結束後，還有再約出來碰面的數位臺灣旅人朋友。

畢竟在海外旅行久了，不難遇到有故事的人，但就算互相留了社群媒體的聯絡方式，會在道別後持續保持聯絡的也不多，約出來碰面的又更少，可是在 Taipei 101 青年旅舍相遇的臺灣朋友們，就是一直保持著長久的情誼。

01　02　01 在克魯亞老城的合照，從左到右分別是：磁鐵大哥、Kiwi、貞翊、我、賴桑；
　　　　02 克魯亞的老街。

單車旅途遇過的臺灣青壯年朋友，獨有賴桑是在旅行中創業，能自組旅遊團繼續旅行，做到把旅行當飯吃的境界。

人
是
最
鮮
明
的
風
景

────

科
索
沃
KOSOVO

被科索沃女孩搭訕拍的合照。

　　穿越歐洲單車之旅裡，路線上有一個想去的國家，是在打聽到一個消息後，臨時決定前去造訪的，就是科索沃。成功入境這國家後，遇到這國家的人各式各樣的搭訕，也成了對這國度最鮮明的回憶。

 ## 搭客運入境科索沃

　　持臺灣護照入境科索沃雖然是免簽資格，卻有要求入境前兩週要通報的規定，大多是寄 Email 向科索沃駐土耳其，或駐阿爾巴尼亞大使館通報。這規定對行程容易變更的長時間自助旅行者來說，是個非常麻煩的要求。

　　停留阿爾巴尼亞首都地拉那期間，我有試著寄 Email 通報科索沃的駐外大使館，但未獲准入境，而從住宿的 Taipei 101 青年旅舍那得到消息：「臺灣人搭客運入境科索沃的話，

未通報也不會被擋。」在自己仍然想造訪這國家的情況下，決定換搭客運帶單車入境科索沃，試這最後的一線希望。

去科索沃的當天，清早天色微亮，我跟住在 Taipei 101 青年旅舍相識的貞翊，一起到客運站購票，搭早上七點發車的班次。

從阿爾巴尼亞首都地拉那搭乘客運到科索沃的邊境大城普里茲倫（Kosovo, Prizren）要三小時，一趟票價 10 歐元（約 350 台幣），攜帶單車不用另外付費，上車前駕駛會要求你拿出護照，確認旅客有攜帶才准上車。

儘管阿爾巴尼亞經濟正處在發展中，但是通往科索沃的跨國巴士品質還不錯，下面行李箱空間超大，可以整輛單車放入不用拆，且車上座位有閱讀燈，以及插座和 USB 孔可充電電子產品，環境也相當整潔。

當巴士到達兩國的海關口時，海關人員上車收走所有乘客的護照，對頭一次搭客運跨國通關的自己來說，覺得新奇，但當下仍覺得非常緊張，擔心自己到底是否能順利入境？

後來巴士發動，準備通過科索沃海關，就在鬆口氣以為沒問題之際，突然巴士轉個大彎到對向出境處的路邊停下，自己嚇了一跳，心想：不會現在才要求未獲准入境的人下車離開吧？

跟著車上所有人下車後，發現原來是要把全部行李去掃描 X 光做檢查，無人被要求離境。於是我只有單車未拿去掃描 X 光，其他行李全拿去掃描。就在自己一大堆行李掃描完 X 光，要獨自搬運放回巴士行李箱時，突然一位金色長髮戴著粗框眼鏡，面貌相當清秀的女孩，主動來幫我拿其中一件行李，且用

親切和真誠的微笑對我說：「Welcome to my country, Kosovo（歡迎來到我的國家，科索沃）！」她的這一句話，給人滿滿的溫暖和祝福感，證實了自己購買的旅遊書《地球的步方—東歐》上寫的：「科索沃值得因為人民友善前來一訪！」

上車後車上服務人員將護照發還給大家，當確認全車的人順利入境科索沃時，那一刻自己忍不住和貞翊互相慶祝入境成功，只差沒開心地大喊：「Yes！」之後巴士到了一個轉運站，請要去普里茲倫的人下車，只有我、貞翊和另外一位乘客下車。一行三人就轉搭小汽車進入城市，此時我才需要把單車前後輪拆下，連同車架和行李一起放入後車廂，搭車入城。

雖然無緣騎單車入境科索沃，但是至少能進來這個二〇〇八年才獨立的最年輕歐洲國家探索，仍舊令人充滿期待感。

🚲 普里茲倫引人注目的風景

到達科索沃第一站的普里茲倫，為科索沃的第二大城，是位在該國南部的歷史古城，在古代塞爾維亞語裡的意思是「要塞」。在這座城市中心，仍有昔日在四世紀就興建的要塞遺跡，也是一覽這座城市全景風光最好的點，我和貞翊在這城市停留時，一起徒步去造訪這景點。

在我們兩人步行到要塞遺跡的路上，被兩位科索沃女孩搭訕要求合照，在自己的歐洲旅程上，只有這一次在路上被當地人這樣要求，一看對方是女孩，我和貞翊就欣然答應，如果是男生的話，大概會猶豫甚至拒絕。

01 02 03

01能放置整輛單車的客運下方行李艙；02普里茲倫市區的風景；03首都普利斯提納的地標Newborn（新生）。

為何在科索沃會遇到當地女生想跟我們兩位臺灣女生合照？一開始我和貞翊也很納悶，後來才知道，原來在科索沃非常難見到東亞地區來的人，東亞人的面孔來此地很容易被注目。科索沃本地人看到我和貞翊這兩個東亞人的感覺，大概就像早年臺灣鄉下地區的人，看到白人出沒一樣驚奇。

　　於是在這座市中心街道上有清真寺、教堂、石板鋪地、石橋、要塞、布滿紅屋頂的房舍，處處有歷史古蹟韻味的城市裡，最讓人回味的風景，仍是遇到可愛的科索沃女孩們主動邀請合照。

🚲 騎到高速公路被警察攔

　　到達科索沃的第二天，跟旅伴貞翊約好傍晚在科索沃的首都普利斯提納（Pristina）的ODA青年旅舍相見後，我趕著早上九點前就出門往目的地。到了十一月的科索沃，下午五點就天黑，白天時間非常短。

　　騎單車一離開普里茲倫，在陰鬱的天色下，弔詭的是空氣中瀰漫著撲鼻而來的一股刺鼻氣味，宛如燒柴與塑膠味的混合，這樣時而聞到、時而不見的不舒服氣味，一直伴隨到我離開這國家。

　　往普利斯提納的路況，一般道路是很窄的雙向道，幾乎都要與汽車搶道在走，加上我想避開爬坡較多的路段，希望天黑前到達目的地，所以決定去騎看起來比較好走的快速道路。在騎到要接上E851號快速道路的交流道口前，我看到有告示牌上標著禁行單車的圖示，為了確定是否真的禁行單車，我還直接跑去問路人。

騎到高速公路上前往首都普利斯提納。

結果路邊問下來，一位伯伯很肯定地回覆我：「那條快速道路能騎單車，要不要一起來喝杯咖啡聊天？」但因我急著趕路，就拒絕對方邀約，再來我不太敢單獨喝陌生男性招待的飲料。

在騎上科索沃前往首都的快速道路後，路面寬大、路況又好，可以騎在路肩不用與汽車爭道，是我在科索沃騎車以來，路況最好的一段，就在看來一切順利之際，忽然一輛警車開過來，停在我的前方，讓我不得不停下單車。

兩位警察走下警車，其中一位長相比較帥的男警察朝我走來。對方試著用簡單的英文說：「這裡不能騎單車！」

我當場一臉困擾寫在臉上，不是聽不懂他在說什麼，而是我也不知要怎麼騎單車立刻下快速道路？帥哥警察看到我的表情後，接著講了我一輩子難忘的第二句話。

帥哥警察接著用英文問：「妳會說阿爾巴尼亞文嗎？」

我立刻用英文回：「不會。」更在心底暗暗吃驚：這警察太神奇了吧！臺灣人在這國家很明顯是外國臉，看起來就是不可能會講這種語言的人啊！

帥哥警察接著努力用他能說出的英文講：「不好意思！我的英文不好，等我一下，我再請人跟妳說明。」

於是帥哥警察就拿起手機撥電話講話，對手機講了一串我聽不懂半個單字的阿爾巴尼亞文後，就把手機遞給我，要我聽，我一接起來聽後，對方用英文講的內容也跟我想的一樣：「這裡不能騎單車！」

我對電話裡回覆完：「知道」，遞還手機給帥哥警察後，就趕緊點開手機看電子地圖 Maps.me，在思考該如何騎到最近的交流道下去和做之後的路線調整，讓我煩惱到眉頭皺在一起快成一條線，焦慮著有可能無法在天黑前到達目的地。眼看警察沒打算把我和單車載離快速道路，我也不知道是否能在快速道路上攔到便車，頓時在快速道路的路肩上進退不得，任憑快速道路上的車子，在旁繼續呼嘯而過。

動彈不得的情況膠著沒有幾分鐘，突然有了轉機，帥哥警察先開口說：「妳還是繼續往前騎吧！我這次當沒看到好了！」說話同時還用手摀著臉示意裝沒看到，就轉身回警車上先離開了。

在科索沃警方的寬容下，確定能繼續騎這條路下去後，當下自己心情大好，快樂向前行，但沒想到再往前騎一小時，又碰到另一件事，讓人很難愉快。

🚲 性騷擾

騎在快速道路的途中，自己在路邊一個提供給汽車待停的空間休息，把單車停靠好在路邊圍欄上後，就立刻抽出放在車後方登山背包裡的保溫瓶，倒熱水泡茶來喝，藉此來取暖，並吃點心充飢，這是早上啟程後，首次長時間停下來休息。

休息沒多久後，忽然一輛小客車在眼前停下來，搖下車窗，裡面一位男駕駛直接打招呼，用簡單的英文單字示意：可以載我的單車和行李一起到首都，順便一起喝杯咖啡。

自己當下直接拒絕這位陌生男子的邀約，沒想到對方仍不斷邀約，並開始暗示可以去他家住「親密一下」，這已經開始讓我感到不舒服，更不考慮搭他的便車，我表示等我到達首都後，能相約在當地咖啡店碰面，但是對方一直聽不懂我的回覆；請他留下聯絡方式給我，一樣也聽不懂，莫可奈何下，換自己直接寫聯絡號碼於紙條上，並撕給對方，打算藉此打發他。

沒想到就在右手拿紙條伸入車內的時候，男駕駛突然兩手緊握住我的右手，像是抓住就不想放掉般，那一刻我的感覺已不是熱情，是吃豆腐，當下我倉促收回手，即使未面露出驚嚇，心中卻早已嚇壞。

後來忘了跟那男駕駛是否還有說話，只確定我沒有當下怒罵，沒多久他似乎覺得無趣，才開車離去，但是我帶著受驚嚇的心情再度出發，心情比陰天更鬱悶，還不斷地安慰自己，還好沒有受到更多侵犯。

一路騎下去，直到出了快速道路管制口，又見到路邊有警車，站崗的是之前相遇，攔住過我的那位帥哥警察，他熱情比讚祝福，這才讓我揮去半路受到性騷擾的不愉快。

在我到了科索沃首都後，那位怪男駕駛也沒有任何來電，就算有來電，我也是封鎖先。

從普里茲倫的堡壘眺望整個市區風景。

　　女生海外獨遊到底該如何防範遇到性騷擾，甚至是性侵害？老實說沒有標準的答案。但是最保守和有用的，就是不要隨意接受陌生男性的邀約，獨自去陌生地方。在陌生環境也不要當場食用對方贈送的食物和飲料，避免被下藥。萬一對方有非禮之舉，要觸碰身體任一部位，都要明確拒絕，不要讓惡意得逞。

　　科索沃和臺灣一樣，號稱人是最美的風景。在這國家短短停留的四天，也遇過不只一位友善的科索沃人，然而，遇到那位對我性騷擾的怪男駕駛，讓我對科索沃實在無法認同最美的風景是人，只能婉轉地說：**人是最鮮明的風景**。

後話 TALK

旅行遇到性騷擾這件事，並非只有女性會遇到，也有男性分享遇到被別的男性亂摸，重點是當下要示意不喜歡，並表明拒絕。

奇妙的國度

馬其頓
MACEDONIA

史高比耶的亞歷山大大帝雕像。

　　騎單車一入境到馬其頓這國家,到了首都,超多雕像是最獨特的風景,但當中最難忘的回憶,是在鄰近保加利亞的邊境小鎮遇到當地小孩的英文超好,以及想借地紮營還被當地人趕走、又遇到怪人,都發生在一起的一天。

🚲 雕像之都:史高比耶

　　等到達史高比耶(Skopje)並在當地待兩晚後,發現這地方一定是全世界巨型雕像密度最高的國家首都,在城市廣場的方圓一公里內,有近百座雕像。但為何這座城市需要設立這麼多雕像?是我最直接的疑問。

　　查了一下有關史高比耶的發展史,這城市在一九六三年曾經歷過大地震,導致八成建築損毀,一直沒有順利修復

過往的歷史建築，再加上一九九一年從南斯拉夫獨立後，這國家又面臨建立國家認同的課題，如果不再崇拜國家領導者，要用什麼代表國家意象？這是從共產鐵幕下獨立出來的國家，普遍面臨到的情況，馬其頓也一樣遇到。

於是長期執政的馬其頓民族統一民主黨，於二〇一四年推動了四年的「Skopje 2014」計畫，目標是建立國家首都該有的古典風華和促進馬其頓人民的認同，大撒超過七億美元，整建學校、博物館和政府機關，以及設立能代表馬其頓的歷史人物雕像，一共完成一百三十六個建案，形成在我到訪時所見到的首都風景。

步行在史高比耶觀賞這國家首都的門面，最醒目的是矗立中央廣場之間的巨型雕像，是一座騎馬的亞歷山大大帝（Alexander III of Macedon），不知情還以為亞歷山大大帝出生於這國家的領土，畢竟亞歷山大大帝登基國王之位時，確實是馬其頓國王。

然而，昔日的馬其頓帝國和現代馬其頓國的領土劃分上有差異，就現代國家地域區分上，亞歷山大大帝是出生在希臘北方一座叫佩拉（Pella）的城市，目前希臘境內仍有塊地區也叫馬其頓。

跟希臘微妙的歷史關係，使得這國家剛獨立想取名叫馬其頓共和國時，遭到希臘強烈抗議，調整國名叫「前南斯拉夫馬其頓共和國[4]（Former Yugoslav Republic of Macedonia ）」，才得以加入聯合國。

奇妙的國名緣由，也反映在馬其頓和希臘的關係上，兩國關係並不好。甚至參加徒步導覽時，導遊還說，若我們外國遊客穿著印有馬其頓國旗圖樣的衣服去希臘玩，幫他們用國旗上光芒綻放的設計圖樣，去刺眼希臘人，他們馬其頓人會很開心。

再看史高比耶其他雕像下來，則有莫名的歡樂感。許多雕像是人群聚在一起，看多了就一直聯想到周星馳電影「食神」裡，那群擺姿勢一流的十八

---

[4] 前南斯拉夫馬其頓共和國：日後這國家又在二〇一九年二月改名，成為「北馬其頓共和國」（The Republic of North Macedonia），解決了建國以來一直困擾的國名爭議，能如願加入歐洲各國際組織，不會再被希臘阻擋。

01 雕像與遠方的馬其頓考古博物館；02 史高比耶的雕像群；03 史高比耶的有穿內褲的仿大衛雕像。

銅人畫面。還有一座仿大衛的裸體雕像，有默默穿上內褲遮住性器官，讓人莞爾一笑，想到這國家或許顧慮還有約三分之一人口是伊斯蘭教徒，在考量族群和諧下，就不讓這裡的大衛裸露敏感部位。

倉促於四年內大興整修的史高比耶，市中心不少建築和雕像遠觀很壯觀，細看就知道不精緻，甚至有傳聞這首都翻新改建計畫，只是花大錢讓政治人物從中賺錢，並無法改善這國家在歐洲算經濟貧窮的困境，但是至少對我這外國人來說，這裡是風景會讓人有獨特印象的國家首都。

但老天仍有眷顧這個需要建立認同的國家，至少有位世界偉人是出生於這國家的首都史高比耶，就是德蕾莎修女（Mother Teresa），她在十八歲前居住於此，當地可見這位印度加爾各答垂死之家創立者的出生地標示牌和至理名言。

儘管阿爾巴尼亞又跟馬其頓吵，德蕾莎修女是阿爾巴尼亞裔，應該算是阿爾巴尼亞人，但是這也不影響世人認知德蕾莎修女來自馬其頓這國家。

奇怪的國名與神奇的雕像群相互輝映，加上與鄰國扯不清的歷史人物認知，都是旅行史高比耶觀察及思索下來，讓人覺得充滿意思的地方。

🚲 鄉下住宿的波折

離開史高比耶後，直接騎往保加利亞，一早出發趕路下來，到達最接近保加利亞邊境的山中村落：克里瓦帕蘭卡（Kriva Palanka），時間已快到下午三點半，距離天黑只剩一小時，從這村落要到達距離最近的保加利亞村落，要再騎四十公里，一定會夜騎，不考慮夜騎山路的自己，決定停留在這村落過夜。

最初想試著找這村落裡唯一查到的旅館投宿，但繞了一下後，就是找不到那間旅館，我直接去一間餐廳詢問旅館位置資訊。

先問一位在戶外座位上的婦女，但對方似乎不會英文，她換找了店員來跟我溝通，彼此間溝通下來雞同鴨講，於是那位婦人就換招呼外頭一位路過這餐廳的藍衣小男孩，請他來跟我溝通。

在這鄉下地方，我並不指望有人能用英文和我溝通，因此藍衣小男孩被臨時找來時，我最初猜想他就算能講英文，可能也是講得結結巴巴的。誰知小男孩一開口就用流利的英文回覆我的詢問，成了我在這國家最難忘的回憶。

我更忍不住吃驚，這種一看就是教育資源缺乏的村落，怎麼一個馬其頓鄉下小孩能講流利英文？

不過我已經沒空再好奇追問藍衣小男孩如何學習英文，趕緊先請小男孩帶我找手機上電子地圖 Maps.Me 所標示的旅館到底位在何處。小男孩很有耐心的陪我按圖索驥找了一下，並一起來到地圖上標示的位置，小男孩指出，看來這村落唯一的旅館已經關閉，確定我這晚在這村落沒旅館可住。

眼看快要天黑，而我尚未找到地方落腳，我也不好意思開口問小男孩家裡方不方便借住，或是繼續請他陪著我找地方住。之後小男孩在講了山上有修道院可去問能否借宿後，也就先離開。

雖然多了山上修道院這選項可參考，但不想在快天黑的情況下，再上山去找不確定位置在哪的山上修道院詢問是否能借住，所以得繼續自己想辦法找地方紮營，以捱過今晚，於是直接回到村落的路上，並觀察有哪個地方看起來較隱蔽，可以野營撐過一晚。

一開始看到一條似乎隱密的巷弄，我騎單車進去看一下，發現那是會被住戶很容易看到的後巷，也不是心中理想的野營地，但至少感覺比馬路邊好，正猶豫是否要在此野營過夜時，忽然瞥見有一戶人家有位女士出門。

　　我直接問那位女士：「請問可以在這露營過一夜嗎？」

　　沒料到對方臉色很差的立刻回覆：「不行！」

　　接著對方立刻直接用手指向外面要我出去，連我牽單車要離開時，那位女士還擺臭臉檢視我是否離開，要人立刻滾出她的視線。

　　心底有點無奈，看來是無緣在這鄉下地方遇到友善的人，也一邊繼續往回頭路走，尋找下一個適合的點。

　　然而，下一個野營地都還沒找到，卻先迎面遇到一位看來精神異常又表情詭異的男子騎單車往我這裡過來，並説了一些我聽不懂的話，給人渾身不舒服的感覺，讓我根本不想理他，趕緊往前騎離開，幸好他也沒再糾纏。

　　之後路經一間小超市，看到後方有巷弄，直覺應該能野營。一走入裡面去探查，發現這邊空間勉強能搭帳篷，而且超市的後門是鎖死的且未堆雜物，所以判斷超市裡的人沒事不會來這巷弄，而且低矮圍牆外與住戶也有段距離，我就決定在此過夜，在天色開始轉黑前搭帳篷。

　　可是，自己卻疏忽掉那超市後方的巷弄，不是完全的死巷，巷弄底隱約可見的路口，其實還是會有人車會經過，即使已經是找最隱蔽的位置搭帳篷，仍在我等待天黑時，被一位男士看見，跑過來瞧，讓我又被嚇到，也哀怨著這一天運氣到底是有多差？

　　幸好那男士也沒其他意圖，反而示意在這沒關係，但也沒有給人詭異感，加上天色即將在不到二十分鐘內，快速轉暗全黑，所以我決定不要再搬遷，停留在此過夜。

　　等天色全黑後，我出去外面的街上兩次，以補給食物，在第二趟時居然又再次遇到那位白天看起來精神異常的男子，而且他身旁還多兩個人跟著他，並再次朝我的方向走來，我嚇得先轉身進到隨便一家雜貨店躲，心底還在想：萬一他們那三個人進來這雜貨店找我碴，我不會要一對三吧？

躲在雜貨店快半小時後，我才敢再出去，外面也沒看到那些人，這讓我瞬間鬆口氣，也趁著街上無人之際，趕緊鑽回超市後巷弄的帳篷裡。而在此時開始降下的雨滴聲，搭配著一旁定時會響起的冰箱冷氣機壓縮機運作聲中，我在心中祈禱著：「雨下得再大一些，讓這村莊不要再有人出來，因為我不想再遇到任何人，只想平靜的度過這一晚。」

在超市後巷弄的野營。

過完躲藏在超市後巷弄的一夜，天一亮，我就立刻收拾所有東西。

當打包好準備離去之際，見到昨日有去光顧過的雜貨店老闆娘，從巷弄底遠眺自己，似乎前一天看到我在此野營的男士有跟附近鄰居通報，還好我已經要出發，一切都無所謂了。

這次躲後巷弄的單車野營，是這段歐洲旅程裡蠻難忘的野營回憶，如果不是自助單車旅行，完全不會在這種地方過夜。即使知道野營最理想的狀況，是在不會遇到人的地方紮營，但是在旅途上，環境條件不一定都能如預期，不過也學到了經驗，在可能被陌生人看到的環境下，最好天黑後再紮營，確保不會被人發現，就能減少波折了。

後誌 TALK
馬其頓還有個奇妙的風景，騎單車在鄉下，能見到不少人住在未蓋完的屋子，據說當地人為省房屋稅，索性這樣住。

索菲亞市區的風景。

溫暖的水和心

保
加
利
亞

BULGARIA

穿越歐洲單車之旅裡，在保加利亞這國家最特別的體驗就是喝溫泉水，在這國家十一月入冬後的低溫中騎單車，並不好受，卻在天色常常陰鬱的天氣裡，意外遇到人心溫暖的保加利亞人，給人再前進的動力與支持。

🚲 溫泉水喝起來的滋味

翻過了馬其頓和保加利亞之間，海拔將近 1,200 公尺的海關與國界，一下山就到丘斯滕迪爾（Kyustendil）這距離兩國邊境最近的保加利亞城鎮。我先去 ATM 提領這國家的貨幣後，就前往鎮上一間 House Salmina 民宿住宿，反正一晚一間雙人房的住宿費也才 20 列弗（約 350 台幣），便宜的民宿旅館住宿費，是十月過後才來巴爾幹半島單車旅行最大的福利。

入住後，先洗澡和休息一下，把前一晚在馬其頓躲超市後巷弄野營的狼狽和疲憊給消除後，我就出門去吃晚餐，等

天黑回來時，我卻見到一個景象：**民宿前有人聚集著，而且人人都手提著一個超大寶特瓶罐或塑膠桶？**我詫異是怎麼回事，並靠過去一看，才發現那些人是圍在民宿前一個會噴水的獅子頭雕像裝水。

　　湊過去，近距離仔細一看，從獅子頭雕像噴水口流出的水竟然有熱氣，我才發現這些當地人是來裝「溫泉水」！還有小男孩在我面前直接喝起了剛裝的溫泉水，看起來喝得津津有味！這對沒喝過溫泉水的自己來說，是蠻新奇的事。

　　隔天清早，正好早餐泡茶要配熱水，我就下樓去民宿外的獅子頭雕像噴水口前裝溫泉水泡茶，水一裝到瓶子後，我先喝了一口試試，覺得好像有一點硫磺味，也不確定該如何精準描述這味道，反正完全不合我的胃口，心裡忍不住想：「看那些保加利亞人提著大桶子來排隊裝水，還以為超好喝的！根本被騙了！」結果我沒用溫泉水泡茶，還是回去用民宿浴室水龍頭裡的熱水來泡茶。

　　後來到保加利亞首都索菲亞（Sofia），跟著當地徒步導覽步行於市中心，經過索菲亞歷史博物館旁時，又再見到公園內有供應免費的溫泉水，任由民眾索取來喝，才發現這國家有不少溫泉，**原來喝溫泉水是保加利亞人的生活文化之一。**

　　我再試著拿手中的樂扣杯，去裝索菲亞市中心的溫泉水來喝，品嚐下來，覺得有比之前在邊境小鎮喝到的溫泉水，合我口味一點，但是也沒想像中的美味。

　　離開首都索菲亞後，旅途中間，有在山區村落的 Gondova House 民宿過夜，在跟英文還不錯的年輕民宿老闆娘閒聊時，她談到這村莊常常有外地人專程來裝溫泉水，而裝溫泉水的地方就在外面路上。所以我又再去裝溫泉水來喝，味道是印象中最好喝的，但也可能是我比較能適應溫泉水的口味了吧！

　　在保加利亞停留的日子，喝路邊免費天然溫泉水三次下來，溫泉水的水溫都不會太燙，是剛好入口的溫度，可惜在十一月，白天平均溫度攝氏十度不到的保加利亞戶外，溫泉水若沒裝到保溫瓶內，很快就會冷了。

　　不過這國家的人對喝溫泉水如此熱愛，卻似乎不盛行泡溫泉。保加利亞境內的溫泉多達八百處，是有最多溫泉的歐陸國度，我停留在能裝溫泉水喝

01 02 03 04　01 索菲亞的中央礦泉有人在裝溫泉水；02 裝溫泉水。

的地方，但都沒有溫泉池可泡，對在入冬時才來這國家的自己來說，是唯一可惜的一件事。

　　為何保加利亞人會喜歡喝溫泉水？問下來，他們回覆：「溫泉水富含有益身體健康的礦物質。」其實臺灣也有不少溫泉，臺灣人也很重視養生，卻不會流行直接喝溫泉水，這是跟保加利亞之間蠻特別的溫泉文化差異。

🚲 寒流中帶來溫暖的人

　　保加利亞在入冬後，天空多數時間陰鬱，偶爾飄雨又天氣冷，除了這國家知名大城市中心的歷史古蹟和宗教建築之外，其他一般的建築，也如天氣般陰冷，可以直接感受到昔日歐洲共產鐵幕的氛圍。

　　從路上騎單車經過鄉間，我匆匆一瞥的路上風景，能遠眺到一些老舊的集合式大樓住宅建築整棟是廢棄的，以及在索菲亞去一間郵局寄明信片時，郵局外觀的門彷彿像鐵窗，一進去裡面，灰色石面鋪蓋的地面色調給人非常冰冷的感覺，加上櫃檯上有黑色鐵柱隔離接洽民眾與服務人員，讓我覺得比較像是到警局。對於這樣生活風景給人很強烈隔閡感，和壓迫感的國度，自己一度主觀上不覺得這國家的人會親切友善。

　　但我直覺上對保加利亞人很冷漠的成見，卻在停留索菲亞的最後一天，要更換去住另一間青年旅舍 123 Hostel 時，被一個保加利亞青年給打破了。

　　那個男孩叫作維林（Velin），他要我稱呼他為 Vel 就好。當我到達青年旅

03 索菲亞的郵局外；04 索菲亞的班亞巴希清真寺。

舍外面並按電鈴後，他剛好是輪班的服務人員，所以出來協助我處理入住事宜和放置單車。

在我去了開著暖氣、有著服務櫃檯在旁的交誼廳，一個人沉默地開著筆電處理各項事情之際，沒想到 Vel 特別過來和我聊天，開啟了我和保加利亞人的互動。

Vel 突然開口先提出一個要求：「可以要一下妳國家的錢幣嗎？我喜歡收集世界各國的錢幣。」

為了 Vel 這要求，自己還專程回房間，把放在登山背包內深處，存放的些許臺灣錢幣找出來，送了 Vel 一枚 10 元的臺灣錢幣，沒想到對方卻給了自己 2 列弗（約 35 台幣）的錢幣作交換，也因為交換錢幣，開啟了雙方更多互動的契機。

我們聊了許多話題，有趣的是一聊到保加利亞人喝飲料的習慣時，又再次讓我們交換物品。

自己跟 Vel 提問：「你們國家的人看起來不愛喝紅茶的樣子？我發現在保加利亞青年旅舍內供應的免費飲料，只有咖啡，沒有紅茶？我去歐洲其他國家的青年旅舍，有供應免費飲料的話，會咖啡和紅茶都一起供應，不會只有其中一種。」

Vel 回覆：「我也不知為何我們國家的人不愛喝紅茶，比較偏好花草茶。」接著 Vel 拿出了他手邊有的一盒保加利亞花草茶送我。

01　02　01 在索菲亞青年旅舍和 Vel 的合照；02 Vel 手繪的圖和保加利亞語的謝謝。

　　Vel 又接續地說：「其實這樣的花草茶，在我老家那，媽媽也會摘採家附近的花朵自製。」那一盒花草茶對他來說非常平凡，加上從他輕易送出的樣子，也感覺得出價格很便宜，但對我這不常喝花草茶的外國人來說非常獨特。

　　為了答謝 Vel 送我一小盒保加利亞花草茶，我又回房間拿了自己從臺灣帶來的包種茶包回贈，其實自己攜帶的數量也不多，都是作客別人家時作為答謝用，唯有 Vel 是在青年旅舍時特別贈送的。

　　簡單的聊了一點臺灣和保加利亞之間飲茶文化的差異後，Vel 分享他喜歡繪畫和 3D 電腦繪畫製圖，並提議可以手繪一張素描送我。想了一下，我決定想要一隻白色馬爾濟斯小狗的素描，隨手上網找了一張圖片給他參考。他看到圖後莞爾一笑地說：「全都是白的，還真不好畫，不過我試試。」頓時覺得自己好像在刁難對方，最後 Vel 花了約一小時畫出來送我。

　　看著那張特別畫給我的馬爾濟斯素描，我請 Vel 教我保加利亞語的「謝謝」如何說，可是保加利亞語的「謝謝（Благодаря）」一詞，我試了幾次都唸不出來，倒是 Vel 跟我學中文的謝謝如何說，馬上就清楚地發出聲來，這下更糗的是：**我成了說不出口「謝謝」的人**。

　　要回房休息前，我告訴 Vel 隔天自己要早點出發，對方還很親切的問要幾點離開。我告知他早上九點，並希望早上八點來用早餐，但其實這間青年旅舍沒這麼早供餐，沒想到他也一口答應沒問題。

隔天一早到交誼廳用餐時，最感動的是 Vel 主動拿早餐的食材做了一個三明治，貼心的叮嚀我帶著當作午餐，這是我住在歐洲其他國家的青年旅舍，都沒遇過的事。甚至等我把行李上好單車時，Vel 也出來送行並相擁道別，讓我第一次住青年旅舍要離去時，感到捨不得。

海外單車旅行在路上超過三個月，我已經習慣自己成為人來人往裡的一部分風景，自己不過是這間青年旅舍的一日過客，卻因為遇到 Vel 這位親切的保加利亞男孩，讓我不再覺得這國家冰冷，深深感受到保加利亞人的熱情。

即使一道別 Vel，並踩踏上單車出發後，保加利亞的天氣依舊是冷到不行，是不用魔術頭巾遮一下口鼻，鼻水會流不停的程度，但我仍帶著溫暖的祝福開心上路。

🚲 救援流浪狗的人

停留在保加利亞的最後一晚，我騎到了保加利亞南部的一個城市哈斯科沃（Haskovo），這城市距離土耳其和希臘不到一百公里，也是我在歐洲單車旅程裡，最後一次透過熱水澡借宿的接待主所在的城市。

接待我的人是加林娜（Galina）和丁科（Dinko）這對夫妻，在跟他們聯繫，並看到他們傳給我的地址資訊時，我先愣了一下，居然地址標示不是習慣的街道名稱和幾號，而是要找 entrance B（入口 B）。我後來打開手機上的電子地圖 Maps.me 對照，才發現這城市的建築在地圖上，都有標示編號或英文字母代碼，核對後，才順利對到位置。

傍晚順利到達他們的住處後，享用晚餐義大利肉醬麵時，他們說我是第一位來他們家作客的亞洲單車客，我也覺得榮幸，畢竟這城市不是觀光區，會專程來的亞洲人一定不多。

相聊下來，對方談到保加利亞這邊因為薪資較低，很多人都是直接去西歐工作賺錢，他們本身也是為德國雜誌作修圖和後製，因可以在家線上工作，所以才繼續在當地生活。

職業之外，他們也分享了本身很喜歡狗，有參與當地救援流浪狗的志工活動，只要有人通報都會去協助救援。而在晚上九點時，他們接獲通報去救

援流浪狗，留我在家等候。我之後也見到他們救援回家的狗兒是一隻黑狗，並先安置在家裡的陽台區，要等之後再送去適合的單位安置。

其實加林娜和丁科因為住處空間不大的關係，沒有辦法在家養狗，換成將這份愛心變成參與當地救援流浪狗的志工活動，這又讓我對保加利亞人心的溫暖，有了更深刻的印象。

儘管自己只作客他們家一晚，但跟他們相處的感覺卻跟之前在首都索菲亞青年旅舍遇到的 Vel 很像，保加利亞人跟人相處不會熱情洋溢，比較像是會靜靜陪伴你說話閒聊的家人，有著外冷內熱的感受。

後來離開保加利亞後的一週，到達土耳其伊斯坦堡之際，再看了首都索菲亞的天氣資訊，我剛好在這國家下起入冬後的第一場大雪前離開，但對人情溫暖的思念卻一直留在心底。

01

02 03

01 索菲亞市區的風景；02 跟加林娜（Galina）和丁科（Dinko）的合照；03 加林娜（Galina）和丁科（Dinko）招待隔天早餐時，也包了其中一塊熱壓吐司給我當午餐。

後記
TALK

假如歐洲只能選一個國家再訪，我會想選保加利亞，除了跟當地人相處起來很溫暖，也想看這國家更多的晴天風景。

騎向歐亞交界

從歐洲端望向歐亞交界的博斯普魯斯海峽。

　　歐洲單車旅程邁向終點的路上，終於碰上一次破胎，然後進入伊斯坦堡後的路況，因晚上視線不佳，碰上了差點導致摔車的超危險地方。沒有夢想中抵達旅程終點完美的一刻，在伊斯坦堡這世界之城，有著糟糕和美好的回憶交織，都是與當地人的相遇。

🚲 旅程中唯一一次的破胎

　　開始這趟穿越歐洲單車旅行之前，我想像過，就算單車裝了防刺外胎，旅途仍會經歷多次破胎，要不時半途停下來補胎或換胎，才能艱苦地完成這趟將近六千公里的旅程畫面。

　　結果一路在歐洲單車旅行三個多月下來，在進到土耳其之前，完全沒遇到破胎，一度以為這趟穿越歐洲單車之旅，可以好運到全程不會遇到破胎，但在快到最終目的地伊斯坦堡（Istanbul）前約一百一十公里處，還是夢碎了。

騎在半路遇到破胎時，一開始還沒發現，只想說：「前輪怎麼騎起來覺得特別重？」甚至以為是前輪好幾天沒打氣造成的，只用隨身打氣筒充氣一下就繼續騎。然而，打滿氣後，繼續騎一下，發現前輪又沒氣，才確定破胎了！慶幸當時沒下雨，方便找塊路邊空地，就能處理這問題。

通常處理破胎的標準流程，就是將破胎的輪子從腳踏車上拆下來後，用挖胎棒拆開內外胎與車輪框，然後用手摸外胎，以確認是否有尖銳物並將之清除，再把補好破洞的內胎或新的內胎重新放入外胎，再組合回車輪框上。

後來檢查前輪外胎時，果然找到一根細鐵絲刺破外胎並卡在上面。不過個人換胎技術沒有非常好，還是耗了不少時間在拆開與組裝內外胎上，前後費時將近四十分鐘。

在長途單車旅行中，基本上，「破胎」是最有可能會遇到的旅途狀況，因此自己修單車技術再差，還是有學會換胎。甚至一人在二〇〇七年從中國北京單車旅行到法國巴黎挑戰 B2P 的單車客前輩薛德瑞 Deray，講座裡也分享過，他當年出發騎這趟旅途之前，唯一會的單車維修技術，也是「換胎」。

所以要挑戰海外單車旅行上路，需要的門檻，**決心比技術重要**。

🚲 到達伊斯坦堡的那一天

拿破崙（Napoleon Bonaparte）曾經說道：「如果世界是一個國家，它的首都一定是伊斯坦堡！」

在到達終點土耳其伊斯坦堡之前，我曾幻想著到達的那一刻，會帶著載滿行李的單車停駐在博斯普魯斯海峽畔，回首歷經上千公里的風吹日晒和雨淋，一路從英國開始跨越了歐洲十幾個國家邊界後，一如千百年來歷史上許多商旅和冒險家一樣，在長途跋涉下踏上這座世界之城，感動不已地看著歐洲和亞洲這兩大陸地的交界在眼前，作為這段穿越歐洲單車旅程完美的句點，也是個人長途單車旅行的一段史詩紀錄。

然而，騎向伊斯坦堡最後一百公里實際的騎乘情況，最開心的卻是快抵達錫利夫里（Silivri）這地方，遠眺到馬摩拉海的一刻，確定距離歐亞交界不遠，反倒不是騎到伊斯坦堡。

01 02　01半途修理單車破胎；02到達伊斯坦堡前的路標。

　　傍晚時，一到距離伊斯坦堡前二十五公里左右的路段，車流量超大，彷彿全歐洲的汽車都開到這裡，遠比旅程一開始在英國倫敦市區遇到的車潮還大，沿途又非常多匝道口，騎起來苦不堪言。

　　尤其是騎經匝道口時，得一直注意何時沒有汽車經過，才可騎過去，甚至跟汽車搶道，並且忍受一些脾氣不好的駕駛恣意鳴喇叭吵人，加上騎乘速度極慢，讓人深感精疲力竭。

　　面對棘手的「塞車大魔王」不好消受，所以一進入伊斯坦堡，經過一個公園，見到有單車道時，我趕緊繞進去騎，原想避開車陣，卻完全沒料到是個錯誤的決定，反而轉變成自己受傷的危機！

　　這單車道在路段結束處，居然有放置一塊極低的路障在單車道中間，當下天色昏暗，我視線沒留意到，在單車騎過去壓到路障後，瞬間的重彈讓自己差點摔車，儘管有穩住沒摔車，但突然重震一彈，屁股從坐墊滑落並撞擊股溝，痛到快要無法坐在單車上繼續騎乘。中途找到住宿前，實在累到受不了，快到九點時，還多停留在路邊的麥當勞休息吃晚餐，才有辦法再出發。

　　咬牙忍住在意外重撞後的尾椎劇痛，繼續在車潮中緩慢前進，直到隔天凌晨一點，才終於在伊斯坦堡舊城區裡，找到一間24小時營業的東方青年旅舍（Orient Hostel）落腳休息，確認不會用流落街頭的方式，來紀念騎到歐洲單車之旅終點的那晚。

　　入住當下，我整個人狼狽不堪，累到完全沒心情自拍到達伊斯坦堡的那一刻以留念，荒謬地只剩下尾椎的劇痛來相伴。

進入青年旅舍後，想放鬆的我，拿著剛買來的洋芋片，坐在已關起來的房門外面吃，不知是隔音效果不好，還是房客耳朵太靈敏，竟然有一位房客開門要求我不要在門外吃洋芋片，嫌聲音吵到她入睡，讓我無言至極，只好去廁所、坐在馬桶上、關門吃完洋芋片後，才去洗澡休息，結束這不美妙的伊斯坦堡第一夜。

後來發現會覺得全歐洲車子都塞到伊斯坦堡這座城市，不是錯覺，原來在這城市，五千三百四十三平方公里左右大的地方，住了將近一千五百萬人口，人口密度之高，也是我這趟旅程經過的所有國家城市之最。

🚲 我們都是世界旅人

旅程最後停留在伊斯坦堡的一個禮拜期間，對這座城市最深刻的回憶，不是壯麗的藍色清真寺和聖索菲亞大教堂等代表性歷史景點，也不是終於見到橫互於歐亞交界的博斯普魯斯海峽，而是「人」。

應該説海外獨自單車旅行時間一長，看過太多風景後，對於景色要有感覺卻越來越不容易；但對於旅途所遇到形形色色的人仍會有感。

01　02　03　　01藍色清真寺內部；02聖索菲亞大教堂外觀；03聖索菲亞大教堂內部。

以前看一人橫越歐亞的臺灣女單車客 Min 分享的遊記，談到土耳其男人對獨自在外的東亞面孔女生很熱情，所以可以戴個戒指示意已婚，省去被熱情關注或追求的情況。為此自己還特別在行前行李準備上，買個便宜的鋼戒，準備要在歐洲旅程終點，停留在伊斯坦堡觀光時使用。

然而，我一位東亞女生獨自走在伊斯坦堡街頭，在最多觀光客會去的舊城區，發現用無名指戴鋼戒假裝自己已婚沒用，根本是要去穿伊斯蘭女性服飾裡只露眼睛的尼卡布（Niqab），或覆蓋全臉的罩袍「波卡」（Burqa）遮住臉，才有可能不被街頭各種想拉觀光客生意的攤販土耳其男（在伊斯坦堡沒見過女人在餐廳和紀念品店外拉客）招呼，或是戲謔講：「你好」、「空你基哇（こんにちは）」，甚至也有遇到用比較惡意的歧視用詞 Ching Chong Tong[5]，來引你注目。

在伊斯坦堡遇到的各式土耳其男人搭訕裡，最擾人和惡意的一次，是我在藍色清真寺外參觀，正要拍照時，有一位男子謊稱那邊不能拍照，還阻擋

---

[5] Ching Chong Tong：發音類似「清」、「沖」，一些外籍人士會模仿這樣的中文的發音，嘲弄亞洲人、華人的說話與發音方式。

我拍照，扯說他的店家有賣全土耳其最便宜的紀念品，適合觀光客去買，在不堪其擾下，為了早點擺脫他，我便說要去他的店裡看一下，跟他走了一小段路後，直接對他稱說我臨時有事，要趕回青年旅舍處理，轉頭就走，才順利擺脫對方。

在伊斯坦堡街頭的日子，遇到太多次土耳其男人的各式搭訕和問候，讓個人對伊斯坦堡的土耳其男人感到厭煩，沒有土耳其豔遇，「厭遇」倒是不少。對旅人來講，海外的任何一個地方，有再多世界知名歷史景點和美食，只要遇到令人不愉快的當地人一多，就很難對這地方有好印象。

正在我要對旅程終點伊斯坦堡，被「厭遇」不斷的土耳其男人，搞到只剩下失望的時候，幸好在青年旅舍遇到一位智利女孩室友丹妮菈（Daniela），才有契機翻轉這主觀感受。

丹妮菈剛好跟我一樣，都是要在十一月的最後一天搭機離開土耳其，她在彼此停留伊斯坦堡的倒數第二晚，邀我一起去跟她在伊斯坦堡的女性朋友碰面，而自己二話不說就答應。

01 藍色清真寺外觀；02 伊斯坦堡街區常見的
芝麻餅小吃攤；03 小玻璃杯裝的土耳其紅茶；
04 旅程最後和智利與土耳其女孩的合照。

　　跟著丹妮菈去見她的朋友時，她們一見面就快樂地聊西班牙語，讓我一開始誤以為她的朋友是旅居伊斯坦堡的智利人。詢問後，她的朋友才解釋自身是土耳其人，她和丹妮菈也是第一次在土耳其見面，會說西班牙語的原因，是她以前有在墨西哥留學過。不過她們仍為了讓我能聽懂對話，多數時候用英文聊天。

　　原本丹妮菈的朋友要帶我們去看免費的旋轉舞表演，但在那一天沒有演出的情況下，她換帶我們去新城區找一間店坐，請大家喝杯用小玻璃杯裝的現泡土耳其熱紅茶，打開話匣子一起閒聊，過個道地的土耳其時光。

　　在土耳其旅行，只要有人示意把你當作是朋友或祝福你，都蠻有機會被招待一杯土耳其紅茶，我在到伊斯坦堡前，也有在土耳其的其他地方被招待過。

　　於是我們三個不同國家背景文化的女生聚在一起，聊天下來處處充滿趣味，最後我講起和男友溝通要去歐洲自助單車旅行的過程，從一開始對方希望同進同出，到後來對方有事在身一直拖延，溝通耗上兩年後，折衷自己把握時間先出發，才沒被耽擱實現海外的單車旅行夢。

01 02　01土耳其式的自助餐；02往來於博斯普魯海峽間的渡船。

　　土耳其女孩忍不住回：「土耳其男人也是這樣阿！」

　　智利女孩也回：「智利男人也差不多！」消遣起天下男人不分國籍都有的共同點，讓我們三人莫名的歡樂。

　　旅程的尾聲能跟這位土耳其女孩相聊，扭轉了原先對伊斯坦堡人印象很差的主觀，成為在旅途終點，土耳其伊斯坦堡最美好的回憶。這次聊天下來，未詢問相遇的土耳其女孩姓名或留聯繫方式，覺得旅途上人與人這樣的萍水相逢，才是最珍貴美好的，也想停留在此。

　　喝完了那杯土耳其女孩請喝的紅茶，後天清晨天未亮，在房間內聽到鄰近的藍色清真寺廣播禱告拜喚聲傳來之際，丹妮菈就帶著行李跟我道別，先搭車去機場，準備搭機去美國，我則是下午才前往機場要返回臺灣。

　　我們都是世界旅人，在伊斯坦堡相遇，也一起在同一天道別伊斯坦堡，前往各自的下一段旅程。

後記 TALK

穿越歐洲單車之旅踏上歐亞交界下來，認為旅行的成就，不是到終點完成壯遊，而是內心有在旅途的點滴中感到富足。

CHAPTER. 02

伴騎
歐亞

CYCLING TOGETHER TO
EUROPE AND ASIA

兩輛單車
從海拔0到4655公尺的旅程

再度上路之前
————

啟程時在桃園機場的合照。

結束歐洲單車之旅後,隔年四月開始了中亞段單車之旅的規劃,答應會一起走這段旅程的男友維修,也跟他在新竹科學園區工作的公司請三個月的假,確定會成行。不過跟他一起去單車旅行,從溝通到準備,與之前的獨自旅行,存在著完全不同的關卡。

🚲 溝通的藝術

夢想中和交往中的另一半一起去海外旅行,應該是雙方會很有默契,想要去哪裡,想的會一樣,不用討論太多,只需要開始訂機票和處理目的地交通、食宿等細節安排,待時間到了,出發就好。

但是我和維修之間,在規劃旅程景點的喜好上,差異蠻大的!自己比較有興趣的人文歷史景點,對方一點興趣都沒有,事先說自己要去的話,只會招來一堆質問,所以在安排旅程的細節上,我一向是他有問再解說。

在訂下去土耳其的機票後，他還突然天外飛來一筆地說：「去北歐也不錯，不要去中亞啦！」讓人瞬間在心底默默翻白眼。

在苦思如何讓對方從為了陪伴我，到認同「值得一起去土耳其」的理由之際，碰巧手上筆電正在查卡帕多奇亞（Cappadocia）地區資訊時，秀出了熱氣球和奇岩怪石的風景照片，剛好吸引到他的目光。

我在簡介這地區的時候，一談到：「**卡帕多奇亞地區當地，有不少洞穴旅館。**」這是最讓維修感興趣的景點，於是他也不管旅程第一站到伊斯坦堡下機後，第一晚要去哪裡落腳，只先關心起去卡帕多奇亞地區，怎麼找個有情調的洞穴旅館住，以享受兩人時光，這才讓我確定已經訂下去的土耳其機票不會作廢。

因此，情侶結伴的旅行規劃要訣是：找出對方會有興趣的行程景點最有用。

旅程規劃確定第一站去土耳其旅行三週後，剩下的一個多月，決定去吉爾吉斯和塔吉克這兩個國家，造訪彼此都沒去過的高原地區，挑戰知名的高山公路「帕米爾公路」，這點在溝通上，雙方總算有默契，也才定案這趟三個月左右的海外單車之旅的大致路線。

🚲 各自行前準備想像的落差

好不容易確定大致路線後，對於行前準備的想法分歧，又讓人開始懷疑結伴旅行的意義。

首先，對於旅程規劃的模式，讓我們在還沒上路前，就先起了爭執。

維修認為排旅程應該要列出類似旅行社的每日行程表，就像他在竹科當工程師在工作時，對每項要執行的案子，都有詳細預計進度規劃一樣。

我直接反應：「海外長途單車旅行會遇到較多狀況，因產生的變動太大，所以只要確定預計旅行國家入境第一晚的住宿和最晚離境日期，在旅程細節上保持最大彈性，邊走邊安排就好。我之前在歐洲騎四個月，也常是前一晚才在想隔天的騎乘路線及安排的。之前去歐洲單車旅行的第一站『英國』，我有排出行程表，主要提供給機場海關人員入境審查上使用，結果自己實際上路才第三天，就沒有照著預計規劃在騎了。」

沒想到維修是不耐煩地回應：「妳去騎歐洲單車旅行的經驗是『之前』的，要去中亞沒什麼好參考的！」

聽到他如此否定別人的回覆，除了讓人心情不好受之外，也對日後上路跟他的相處，浮出不少烏雲在心頭上。

後來，我依舊沒弄出維修夢想中的每日行程表，只是先列出大概路線，至於他則是很焦躁地查了一堆中亞帕米爾公路的路線坡度資訊，也沒弄出每日行程表。

到了出發前一週，我還在擔心維修沒準備好他的單車帽和前後車燈等配備，他卻是一直執著在去中亞會有語言上溝通的問題，還上網自學讀寫俄文的西里爾字母。

可是，我已經不想再溝通：**我們的第一站是去土耳其，那邊是説土耳其文，不是説俄文⋯⋯。**

總之，情侶要結伴去海外旅行，還不用到上路，從出發前的準備，就會有不少瑣事先考驗感情。

🚲 回彰化看阿公

出發前的最後一個週日，趕在要離開臺灣的兩個多月前，跟著維修回彰化看與他感情甚篤的阿公，那是他要出遠門前最深的牽掛。

炎熱的六月天，我們來到了一間位在醫院旁的安養中心，探視老人家。維修的阿公是在二月初不慎在居住的三合院摔倒後，因無法再自行站立和自理生活，才被送到安養中心。

其實，人老了一摔，如果無法自行再站起來，身體狀況就只會越來越差，無法逆轉，而惡化的速度也因人而異。

我們一起探視阿公，主要是告知已經有在籌備婚事，接下來要先去海外蜜月旅行約三個月，讓長期臥床，身心苦悶的老人家開心一下，**他疼愛的孫子，已準備邁入人生的下一階段。**這也是他已經期待了好幾年的事。

兩人這段旅程出發時所攜帶的行李。

　　述說這些事之餘，維修也幫忙老人家全身擦澡，擦完後再綁住對方雙手，防止他的阿公因不舒服而拔掉餵食用的鼻胃管。此刻原本講話不太清楚的老人家，不開心到用盡全力罵出「三字經」，看來身體的病痛，不是孫子來報喜，就能消磨的。

　　探視完，離開安養中心後，心中祈禱老人家可以等待到我們完成旅程回來，但是心底也有準備：假如老人家有萬一，可能隨時中斷旅程回來。

　　有跟他人一起去旅行，一定會將同行者最在意的事也放心上，這是跟之前獨自旅行最不一樣的地方。

朋友給我們這段旅程的祝福小卡。

後話
TALK

情侶交往有機會一起規劃海外長途旅行的話，在溝通的過程中，很好發現你所不認識的對方，藉此檢視雙方的感情經營。

伊斯坦堡的討價還價

土耳其
TURKEY

伊斯坦堡夜景。

　　出門在外如果免不了吃虧，也不要忘記討價還價，最終還是能少花一些錢，這是我跟他人再回伊斯坦堡，從旅伴遇到恐嚇取財，以及買離開這座城市的客運車票時，學到的經驗。

🚲 大意的第一晚

　　二〇一八年的六月十七日深夜，我們從臺灣桃園機場出發，歷經杜拜轉機，抵達土耳其伊斯坦堡的阿塔圖爾克機場時，已經過了二十四小時，等到達位在舊城區第一晚住宿的青年旅舍，已經是當地時間晚上九點多。

　　即使搭機和等待轉機期間都有休息，但在抵達土耳其後，自己仍疲憊不堪，就沒陪伴初次到土耳其的維修，在第一晚一起出去觀賞鄰近的聖索菲亞大教堂和藍色清真寺，欣賞美到令他覺得驚豔的伊斯坦堡夜景。

但沒想到我放心他一個男人出去散步，卻成為旅程裡最失算的事。

維修晚上獨自到旅舍外散步，遇到了一位熱情的土耳其男子來搭訕，在對方能用英文交流且相談甚歡的情況下，土耳其男子邀約搭計程車去一間酒吧小酌相聊，維修沒多想就跟著對方上車過去。

他跟著土耳其男子到達一間酒吧，並在入坐後，對方突然找來數位朋友一起坐，且點了大量各式酒水，維修則只點了一杯可樂。

結帳時酒吧服務人員遞來了一張5,000里拉（約30,000台幣）的帳單，土耳其男子立刻付了一半的錢，且要求維修支付另一半。看到這筆金額，維修當然嚇到，連忙回應沒錢，同時店內一位身材壯碩且面相凶狠如黑道的男子，似乎是店長，馬上吆喝其他店員一起圍過來，質問維修：「你有信用卡嗎？」

「沒有！」維修篤定地回答。他知道一給出信用卡，肯定被盜刷及敲詐超過帳單上的金額。

情急之下，維修為了避免遭到搜身，被他們找出藏在衣服內裝有信用卡和大部分旅費的隱形腰包，忍痛決定拿出錢包裡有的250美元（約7,500台幣），討價還價的強調身上有的錢就這麼多，想藉此花錢消災。

酒吧工作人員在收到錢後，不再進一步動手搜身。至於邀他來喝一杯的土耳其男子，則是若無其事地幫維修叫計程車，讓他坐回去，還調侃地問：「要不要我陪你回去旅舍？」

「不用！不用！」已經被恐嚇取財嚇壞的維修連忙拒絕。土耳其男子才沒再跟著他，反正錢已經拿到手了。

維修於凌晨回到青年旅舍後，我因為時差也沒睡著，靜靜聽他述說這一切經歷，自己則是安慰對方，幸好損失一點錢有平安離開，沒被搶走大部分旅費，否則我們到土耳其的第一夜，就要準備訂回程機票，放棄後續的行程了。

另一方面也忍不住驚訝地問維修：「在國外遇到陌生人突然邀你搭計程車去其他地方，你在外人生地不熟的怎麼會答應他？」維修此刻不知該如何接話。

事實上我知道他就是大意，認為來跟他搭訕的土耳其男子看來友善也只有一人，無法對他做什麼事，因沒有戒心，才會掉入後續的恐嚇取財陷阱。

　　一查臺灣知名的旅遊訊息交流網站，背包客棧，以及臉書的土耳其旅遊交流社團，發現不只一位臺灣遊客，分享在伊斯坦堡遇到被土耳其男子搭訕去酒吧小酌一杯，後續遭到恐嚇取財的經驗，也不乏有人討價還價以降低費用，然後，清一色都是「男性」受害。

原來在土耳其的伊斯坦堡，男生比女生容易失財。

🚲 議價的單車託運費

　　由於不打算從伊斯坦堡開始土耳其的長途騎乘，決定去中西部的卡帕多奇亞地區看熱氣球，所以到達伊斯坦堡的第二天下午，我們去了伊斯坦堡的客運總站購買隔天車票。

　　在五年一度的土耳其總統大選舉行前幾天造訪這國度，騎單車在伊斯坦堡路上的沿途，從香料市集外的廣場，到部分巷弄間，都掛著候選人看板和旗海飄揚的景觀，是我們在這座城市用單車移動時，見到最特別的風景。

　　到達 Nevsehir 客運公司後，買票時告知對方我們會帶單車，櫃檯服務人員要求我們在個人票外，一輛單車要再加付 75 里拉（約 490 台幣）。我看客運公司內沒有單車託運要收費的價目表，直覺有議價空間，最後砍到一輛單車加付 50 里拉（約 325 台幣）託運。

談好並付款後，看著櫃檯服務人員手寫收據時，沒有在票上註明有託運單車，在要求對方要註明時，對方居然很隨意地寫「單車託運40里拉（約260台幣）」，讓我們懷疑：「收單車託運費，會不會是客運公司櫃檯服務人員找藉口揩油賺錢？」但我們只能消遣自己有先砍價，讓被敲詐的損失有少了一點。

待我們看完熱氣球，又去一樣的客運公司買車票，要前往愛琴海畔城市的伊茲密爾（Izmir），櫃檯服務人員有看到我們帶單車過去，但買票時卻沒再跟我們加收單車託運費。

看來土耳其的客運對單車託運是否要收費，是看櫃檯服務人員心情，不是依照規定。

回顧在伊斯坦堡花的錢下來，得說不管有沒有價目表，直覺認為收費不合理，都是可以討價還價的，重點是：「螢容易拿到折扣，無論是被恐嚇取財還是敲詐。」但是可以的話，這種錢能一元都不花是最好。

01　　02　　03　01土耳其燈；02伊斯坦堡總統大選前的旗海風景；03伊斯坦堡客運站。

在土耳其伊斯坦堡舊城區觀光，要提防主動來搭訕你的當地男人，他們普遍看來熱情友善，實際上卻是不懷好意。

到卡帕多奇亞買單車帽

土耳其
TURKEY

購買的單車帽。

　　土耳其中西部的安納托利亞高原的卡帕多奇亞地區，以各式奇岩怪石的地形聞名，號稱地球上最像月球表面的地方，我們來訪也是跟多數遊客一樣，想搭熱氣球，以及看熱氣球群飛行，悠閒觀賞當地風景。但一到此地時，我們卻是先去找單車店。

一頂單車帽忘了拿

　　六月二十日晚上，搭夜車離開伊斯坦堡，前往卡帕多奇亞地區的格雷梅（Göreme），在隔天早晨快到達一個名為內夫謝希爾（Nevşehir）的城鎮之前，客運上的工作人員突然告知要換小車，因此我和維修得要下車。

　　一到內夫謝希爾後，兩人匆忙跟著其他乘客下車，把放在下層行李箱的單車和其他行李都拿出客運。然而，轉

往格雷梅的客運是小車，放不下我們的單車，所以後來就未去搭乘，決定自行騎過去距離二十公里遠的目的地。

騎單車上路之前，我先去上廁所，等上完廁所回來，維修問起我：「妳的單車帽呢？」我整個如同被雷打到！才想起忘了單車帽在座位上層的置物架，可是已經來不及去追剛開走的客運拿回被我遺忘的單車帽。

早知道昨晚上車時，自己乘車時習慣放大腿上的單車帽，被維修改放到座位上層置物架之際，應該果斷拒絕！因為獨自搭客運，總怕下車時會忘記拿東西，所以一向不放東西在上層置物架！

當下懊惱之外，也有點生氣的想著：「怎麼一起出來旅行，信任旅伴都沒好事？放心他一個男人獨自逛伊斯坦堡街頭，被恐嚇取財就算了！現在又害我掉了一頂單車帽，造成我的損失！」

遺憾著陪我完成去年穿越歐洲單車之旅的單車帽，有一起旅行回憶的夥伴被迫拆夥的失落外；也焦慮著騎長途單車旅行沒戴單車帽，會讓自己沒有安全感，當下決定到格雷梅後，要再買一頂單車帽。

儘管離開轉運站當下，帶著不開心和焦慮的心情上路，但是單車一騎入格雷梅，見到奇岩怪石美景的一刻，鬱悶的心情也跟著散去一些，自然美景果然有療癒人心的魔力。

到達格雷梅鎮上後，先去一間單車出租店詢問，對方推薦我們去隔壁城鎮阿瓦諾斯（Avanos）的單車店，購買單車帽。

🚲 隱匿的單車店

抵達卡帕多奇亞地區的第二天早上，我們騎了十公里前往阿瓦諾斯這城鎮，並找尋單車店。阿瓦諾斯這個位在卡帕多奇亞地區的小鎮，從西元前十七世紀統治當地的西臺帝國時代，就盛產陶器至今。一到鎮上，就能見到大型的陶器模型作為地標，有著臺灣許多鄉鎮會用盛產水果作為鄉鎮地標的親切感。這城鎮盛產陶器的工業區位要素，跟早年台北鶯歌盛產陶瓷的原因一樣，都是因當地有原料可供生產。

01 02　01阿瓦諾斯隱匿的單車店內部；02阿瓦諾斯隱匿的單車店的友善工作人員。

　　多數遊客來阿瓦諾斯，會去參觀陶器工廠並購物；但我們卻是往巷弄內找單車店，為了買安全帽。

　　在找尋過程中，我們照著電子地圖 Maps.me 定位去找，無法找到格雷梅店家介紹的單車店 Fatih Güven Motor，試著多繞附近的幾條巷弄，才看到招牌指標，然而，沿著抵達店前，卻見到外面擺的全是機車，沒有半輛單車，不禁懷疑起，這邊真的能買到單車帽嗎？

　　實際入內後，看到裡面掛有單車在天花板下，才鬆了口氣，找對地方了。

🚲 獨特的土耳其伴手禮

　　跟店家工作人員們攀談一下，他們之間有人會說英文，所以能直接溝通，我花了 70 里拉（約 455 台幣），如願買到一頂單車帽。同時我們其中一輛單車後輪的輻條，有一根出現鬆弛需要調整，店內的工作人員也是親切地聽維修述說情況，協助處理不收服務費，

　　等我們完成來店目的之後，工作人員奉上了用小玻璃杯裝的土耳其熱紅茶作招待，且在我們喝茶的同時，閒聊起他們有組當地的單車俱樂部，更用 Instagram 分享他們本地人眼裡的卡帕多奇亞美景，讓我們兩位外國人讚嘆不已。在我們離開車店時，一位工作人員還騎車帶路，指引我們如何騎回阿瓦諾斯鎮中心。

等離開車店，到其他地方休息時，維修還很得意地對我說：「還好妳掉了一頂單車帽，我們才有機會來這間單車店，有這麼美好的旅行回憶，還讓妳有了一個『獨特的土耳其伴手禮』。」

看著對方如此自我感覺良好，我不禁覺得，**這趟跟他一起的單車旅行，是找「絆」來修身養性用的。**

總之，有了一頂新的單車帽作伴後，自己才放下前一天遺失單車帽的不悅和焦慮，開始有好心情欣賞及遊玩卡帕多奇亞地區。

停留當地五天四夜下來，住到了維修好奇的洞穴旅館，我們也達成了看熱氣球的目標，甚至在最後一天早上，也補位搭到了熱氣球。從地面或空中看熱氣球群起飛的壯觀盛景下來，就像是許願的夢想，實現並起飛到空中，這再再飄揚著幸福感。

但是，我們對這地方心底最難忘的，卻是那段專程去阿瓦諾斯買單車帽的意外插曲，畢竟在那相遇到真誠、熱情、友善的土耳其朋友，才讓我們揮去了剛到土耳其四天下來，兩人接連損失財物的掃興，開始對這國家的人事，有了好的觀感。

03 04 05　03跟搭乘的熱氣球合照；04駱駝岩；05熱氣球。

搭長途客運和火車時，最好隨身物品放在眼睛看得到的四周，才不會下車時一匆忙，忘記放在上方置物架的物品。

希
臘
時
光

米蒂利尼的街景。

　　在土耳其西部愛琴海畔的單車旅行的途中，我們遠眺到一座希臘島嶼「萊斯沃斯島（Lesbos）」，所以臨時起意決定去探訪。從買船票差點被拒賣，到上島後漫遊海島風景，卻撞見一個人道議題，都交織成刻骨銘心的希臘時光。

差點被拒賣船票

　　萊斯沃斯島是希臘的第三大島，據說西方語言裡的「女同性戀者（英語：lesbian）」一詞來自這島名的轉化，這跟居住過此地古希臘著名女詩人莎芙（Sappho），傳說是同性戀有關。這島距離土耳其本土只有十公里，與位置上最接近的一個土耳其港口城鎮艾瓦勒克（Ayvalık）之間，互有跨國渡船通行。

　　下午六點半左右，我們到達艾瓦勒克鎮上，已經買不到當日去希臘萊斯沃斯島的船票，只能買隔天早上出發的

土
耳
其

TURKEY

船票。維修詢問港邊兩間開在隔壁的船公司比價下來，第一間賣單程票就要30歐元（約1,050台幣）；第二間賣來回票才35歐元（約1,225台幣），差了快兩倍的價格，當然要選擇第二間購票。

在洽談購票的過程中，從土耳其去希臘屬於跨國船票，得要出示護照才能購票，沒想到櫃檯服務人員一見到我們的護照，立即要求出示申根簽證，否則拒絕售票。

碰到這情況，我發現櫃檯服務人員是看到我們護照上有 Republic of China 的字樣，直接認為我們是來自中華人民共和國，不清楚護照封面上還有標示 Taiwan 字樣所代表的意義，才會要求出示申根簽證。

我立即說明：「臺灣人去希臘是免申根簽證的，麻煩再查證一下，臺灣跟中華人民共和國（People Republic of China）是不同國家。」

試著解釋下來，櫃檯服務人員最初還不相信我的話，覺得是在狡辯，仍舊堅持要出示申根簽證，表示怕我們到希臘，被海關拒絕入境遣返，造成他們的麻煩。

就在不斷被拒絕，溝通無用之下，我和維修已經在討論是要換去另一間船公司購票，或是放棄去希臘之際，櫃檯服務人員突然放軟態度，叫我們等一下，他去電希臘海關查證。

等待對方去電查證完後，證實我們所言無誤，終於願意賣我們隔天早上去希臘的船票。然而，這樣一來一往的溝通，也耗費一小時，令已經在盛夏的熱天下騎一整天單車的我們兩人，深感疲憊。

不怪那間船公司的櫃檯服務人員不清楚臺灣，因在這個一年不知道有幾個臺灣遊客會來買船票的土耳其小鎮，說不定他是第一次看到臺灣護照，所以困惑著為何有 China 字樣的護照，去希臘不用申根簽證？

🚲 踏上希臘

歷經波折才買到船票的隔天，我和維修從土耳其的艾瓦勒克港乘船出發，在出發一小時後，到達萊斯沃斯島首府米蒂利尼（Mytilene）的港口，一下船即可見到藍白線條的希臘國旗在眼前飄揚。

出了海關到街上，第一眼注意到希臘與土耳其有明顯差異的事物是「文字」，以前出現在高中數學和物理課本上，才會見到的符號Ω、Σ、Θ，在這國度是生活中使用的文字。

我們第一站先去找在市區巷弄裡的連鎖超市，買水和一些食物以補充物資，一進入如同迷宮的巷弄裡，可見到牆上塗有不少美麗的壁畫，引人佇足拍照。走著走著，聽到從鐘樓傳來準點的敲鐘聲，提醒旅人來到希臘，這截然不同於土耳其清真寺傳出的喚拜聲響。

在平日快中午的時段，騎單車或徒步走在米蒂利尼市區街頭，從路邊低樓層的亮色系平房，到碧海藍天下的海邊風景，以及道路上少少的行人和汽機車，一切人事物的步調，在炎炎夏日下都顯得慵懶，無處不散發著海島常見的悠閒度假氣氛，給人十足的放鬆感。

午餐後我們查詢電子地圖Maps.me後，決定去一處標示位在山坡上的免費露營區，露營區名字是莫里亞露營區（Moria Camp），距離米蒂利尼才六公里遠，我們騎去看看是否能紮營住宿，沒想到卻撞見了意料之外的風景。

🚲 免費的露營區

慢慢踩著單車，繞進了小路，接近莫里亞露營區的路上，人車極少，但仍依稀見得到有人走在路邊，但面孔是在米蒂利尼市區未見到的黑人和包著頭巾的婦女。

到了莫里亞露營區前，還看到一頂棚子下方，懸掛著不少國旗，都是非洲和中東國家的國旗，其中阿富汗國旗，黑紅綠中間有複雜的白色圖紋，是旗海中自己一下就能清楚辨識出來的。

到了營區入口，鐵絲網閘門正開著，外圍的白色磚牆上架有鐵絲網，還有貼著幾塊告示牌，且告示牌上的文字都是希臘文，但上面卻有希臘國旗和歐盟會旗並列，加上從入口處走出來的人，幾乎都是黑人和中東人，也讓我和維修確信這露營區不尋常。

正當對眼前一切景象感到困惑之際，從營區裡面，突然有兩位穿著藍色襯衫，上面印有「ART Bridge」顯眼白色英文字的女士，背著大吉他，從門口走了出來，她們看來像是志工。

01 02　01莫里亞難民營的入口；02莫里亞難民營的帳篷。

　　我上前詢問那兩位女士，維修則在原地停留等我，而她們兩位告知我們，這露營區是專門收留難民，不開放給外人進入參觀，這也解答了為何這露營區會在電子地圖Maps.me的標示是「免費」。

　　瞭解情況後，我們不在此地多作停留，選擇離開，向前騎、轉個彎卻見到更驚人的景象，在沒有圍牆隔離的旁邊山坡上，滿滿的大型白色帆布帳篷，綿延見不到盡頭，還有的帳篷在外掛的布條上面寫著「Welcome」，示意歡迎，但是我們根本不敢冒然去打擾。

　　離開後查詢莫里亞難民營的資訊，才赫然發現這是歐洲最大的難民營！裡面居住約一萬兩千名來自中東和非洲的難民，並以來自阿富汗的難民為最多，占七成，而被安置在營區裡面的難民，普遍是提出庇護申請，並在等待正式居留權資格審核的人，且期間不能自由在島上移動和工作。

　　限制住民行動，又收留人數過量的莫里亞難民營，居住的環境衛生條件非常差，有被許多人權組織詬病是露天監獄，但是希臘政府也一籌莫展，只能做到最低標準的庇護。

　　述說中東和北非難民在二十一世紀以來，冒險跨地中海去歐洲的書籍《請帶我穿越這片海洋》中，有記錄一段二〇一五年五月盛傳於網路上的敘利亞難民遺書：

「親愛的大海，謝謝你！你是唯一不需要簽證就接納我的地方……
　親愛的魚，謝謝你們！你們對我的宗教或政治傾向不加過問就把我吃了。」

這段話深刻地點出：**即使跨越地中海，踏上歐洲土地，難民仍會因身分問題，在生活上充滿磨難。**

在希臘萊斯沃斯島上，我們和難民一樣都是外來人，但在當地的心境卻截然不同。對我和維修這種可自由行動的旅人來說，這裡是讓人享受度假氣氛的美麗海島，我們惋惜著只能短暫停留兩天一夜；但對此地難民們來說，從等待遙遙無期的歐盟難民簽證審核通過，到思念在戰亂下，或經濟發展落後無法期待未來的家鄉，人生頓時卡住在這座島，進退兩難。

即使只是匆匆一瞥，親眼見到難民營的震撼，那感受得到的絕望感，是這段希臘時光中，讓人會停格思索最久的事。

———————————◆———————————

二〇二〇年九月希臘萊斯沃斯島的莫里亞難民營發生大火，一度躍上國際新聞版面，因營區全被燒掉，原本住在裡面的難民被迫遷離到島上其他地方。新聞採訪中，希臘當局聲稱火災是由營地內移民引起，但未說明是否有人蓄意縱火。一些營地內移民則聲稱是「極右翼希臘人」，得知裡面有人感染武漢肺炎（Covid-19）後逞兇縱火。

希臘萊斯沃斯島上的小教堂。

後記
TALK

人不是應該生而自由嗎？但對難民營的人來說，活得自由彷彿是最難以追求的事，是世界不平等中，最沉重的存在。

紀念未勝之戰

澳紐軍團登陸處紀念碑。

　　土耳其的加里波利半島（Gallipoli Peninsula），位於土
耳其西部，連接著歐洲大陸，這半島的名字源自希臘語，
意指「美麗的城市」。不過單車旅行來訪此地，是為了踏足
這個百年前的第一次世界大戰中，戰事最激烈的戰場。

澳紐軍團在土耳其

　　自己知道土耳其有座加里波利半島，是從二〇一二～
二〇一三年自己在澳洲度假打工時，經常在澳洲的大城小
鎮中見到「ANZAC」這一個詞開始的。ANZAC是 Australia
and New Zealand Army Corp 的縮寫，翻譯成中文即為澳紐
軍團。澳洲和紐西蘭每年都將四月二十五日這一天訂為國
定假日 ANZAC Day，所有店家會配合這節日，早上不營業，
下午才營業。

　　兩國政府訂立這節日的緣由，是為紀念澳洲和紐西蘭
獨立後，初次聯合派遣軍團，參與第一次世界大戰期間，
由英國領導登陸土耳其加里波利半島的戰役。

第一次世界大戰時，英法俄三個協約國，計畫聯手以海上軍事行動入侵鄂圖曼帝國（Ottoman Empire）。戰略上由俄羅斯駐守於北方黑海，等待英法兩國成功進入海域後一同響應，而英法擬定先登陸鄂圖曼帝國的加里波利半島，控制達達尼爾海峽，讓協約國的船艦駛入，一路攻進鄂圖曼首都伊斯坦堡。

在一九一五年四月二十五日這天清晨，澳紐軍團打頭陣登陸加里波利半島，但在導航錯誤下，導致登陸之處在陡崖之底，被位於上方，且具有防守優勢的鄂圖曼軍隊攻擊，導致傷亡慘重，苦撐八個月後撤軍，結束這場戰役，並未獲勝。

至今澳紐兩國，於每年四月二十五日會在本土舉行澳紐軍團紀念日活動，昔日參戰士兵的後代，也會有人於這期間，專程來土耳其加里波利半島，追思祖先曾經在此作戰的足跡。

我曾在二〇一三年，在澳洲墨爾本看了 ANZAC Day 的紀念活動後，跟租屋處一位中國山東大媽房東相聊澳洲這段歷史，她有感而發地說：「中國人只管戰爭打贏，不管死多少人，澳洲人卻是比起打贏戰爭，更在意那些傷亡的軍人。」

中國山東大媽點出中國和澳洲兩邊的政府，對戰爭紀念觀點的差異，卻也令我想著，若日後有機會，要專程來看看澳洲和紐西蘭兩國，紀念加里波利戰爭，這場未勝之戰的故事發生地。

🚲 登陸加里波利半島

在電影《伊斯坦堡救援》裡提到，在一九一九年，在加里波利戰役結束的四年後，澳洲農夫約書亞來到了土耳其的伊斯坦堡，試著要找尋有參戰卻下落不明的三個兒子，在住宿旅館跟土耳其女主人愛希說：「我要到加里波利去。」

愛希回覆約書亞：「你是說『恰納卡萊（Çanakkale）』嗎？那裡除了鬼魂，什麼都沒有。沒有通行證，你去不了加里波利。可以乘渡輪到查納克（Chanak），如果你給他們足夠多的錢，他們會帶你穿過海峽。」

二〇一八年七月五日這天中午，在夏季地中海型氣候的乾熱天氣下，我和維修從恰納卡萊的渡輪碼頭乘船，跨越達達尼爾海峽，往加里波利半島上的埃傑阿巴德（Eceabat）小鎮，船票非常便宜，帶單車上船一人3里拉（不到25台幣），約二十分鐘就能到達，不需要任何通行證。

　　預計造訪的澳紐軍團登陸地（ANZAC Cove），在加里波利半島上，靠愛琴海的一端，島上的戰爭紀念館、戰地遺跡和戰爭墓園，也在鄰近周圍，但是這一區無大眾運輸工具，要來訪不是自備交通工具，就是得要跟團。

　　從埃傑阿巴德港口下船後，我們騎單車穿越一大片農地，先到能免費參觀的史詩宣揚中心（Epic Promotion Center），這間戰爭紀念館稍微躲避一下戶外的酷暑。館內有座蠟像模型特別引人注目，是一位鄂圖曼士兵抱著澳紐軍團士兵。

　　解說牌上說明：加里波利戰爭期間，一位澳紐軍團軍官在前線受傷，在兩方砲火的射擊對峙當下，傷者無法被營救回去治療。但在此時，鄂圖曼軍方有人在戰壕裡揮舞一塊白手帕，雙方立刻停止射擊，一名土耳其士兵走出戰壕，到受傷的澳紐軍團軍官身邊，將他抱在懷裡，送他回去澳紐軍團邊的戰壕後，轉身返回原位，才繼續開戰。在現場目睹這件事的澳紐軍團中尉凱西（Casey），戰爭多年後成為澳大利亞總督，他也有特別致意，感謝這位善良的土耳其士兵。

01　02　01 登陸加里波利半島的埃傑阿巴德港口處；02 土耳其士兵抱著受傷澳紐軍團士兵的雕像。

01　02 01戰爭時的壕溝；02澳紐軍團的 Ari Burnu 墓園。

　　這段小故事，讓人在冷酷的戰爭紀錄裡，看到了一點人性的溫暖，而在整座戰爭紀念館裡，我也在這座雕像前停留最久。

　　步出紀念館後，開始往上坡騎看其他景點，頂端可見到土耳其國父凱末爾（Mustafa Kemal Atatürk，一八八一～一九三八）雕像、紐西蘭軍團紀念碑，以及一些修復過的戰爭時壕溝，從那可遠眺到下方海灣，那些都是戰事最激烈的戰場。

　　在那可見到許多土耳其人和外國人旅遊團到此，一起踏足這戰場，其中土耳其遊客特別愛和凱末爾雕像合照，據說凱末爾曾在立碑處中彈，幸運地大難不死，他也在這場戰役後崛起，日後創建了現代的土耳其。

🚲 海濱墓園

　　盛夏陽光到了傍晚，終於不再如此猛烈灼燒皮膚之際，我和維修去了島上位在海邊的澳紐軍團登陸處紀念碑，完成了自己在澳洲時，希望來訪此地的願望。只見白色紀念碑上很簡潔的刻上 ANZAC 幾個英文字母，搭配眼前碧海藍天下的美麗沙灘與海灣，很難想像此地竟是百年前第一次世界大戰最血腥的殺戮戰場，而這若非知道歷史是不易聯想的。

　　土耳其的加里波利戰爭下來，協約國聯軍和鄂圖曼帝國兩方的戰亡人數，共多達快十二萬人，因此島上遍布不少兩方陣亡軍人紀念墓園。但我只有造訪離澳紐軍團登陸處距離最近的 Ari Burnu 墓園，屬於澳紐軍團的其中一座墓園。

停好單車在外，獨自走過去時，還有人參觀完正好要離去。這座墓園不大，且直面遼闊的海景；地上綠草皮修剪的很整齊；墓碑是方塊狀的，排列的非常整齊，上面字跡也很清楚。

從墓地中整潔的環境和對整體的維護，讓我感受到澳紐兩國對於這場未勝之戰的重視，是以人為本，為國出征的軍人即使戰死，且埋骨異鄉超過百年，也不讓他們被時間遺忘，淹沒在荒煙蔓草中。

島上方便外人來訪的戰爭墓園，是在戰爭結束好幾年後，才整理出來，不然根據《鄂圖曼帝國的殞落：第一次世界大戰在中東》書中，對這場戰爭的描述裡，有提到在戰事當下，雙方陣營陣亡軍人過多，很多當下無法埋葬的屍體遍布，甚至還造成疾病在戰場上蔓延，即使是有埋葬的屍體，也都是匆匆下葬。

隨意瀏覽一下幾塊墓碑內容，有標上卒年的歲數，幾乎清一色是二十歲初頭，甚至有未滿二十歲的。在最青春美好的年紀，人生永遠停格；為了戰爭永遠葬身遙遠的異鄉土地，統一變成了戰爭下犧牲的國家英雄，被紀念著。

這是我身為一個百年後步履此地的外國人，看到後感觸最深的事，感嘆這些為國捐軀的士兵，就算國家永遠記得，但用生命換來的榮譽仍很沉重。

單車旅行造訪這處墓園，總算解答了我以前在澳洲的大城到鄉下間遊走時，都見得到 ANZAC 字樣紀念碑的疑惑，以及澳紐兩國為何一直紀念著，軍團在第一次世界大戰期間登陸加里波利半島的這一天，而不是選擇紀念第一次世界大戰終戰的勝利日，作為公共假期。原來是為了紀念兩國上萬名在加里波利戰爭下犧牲，無法歸國的一群士兵，也提醒著人們，**戰爭往往是以生命的犧牲作為代價，勝利無法代表一切。**

許下希望，期待未來有一天，沒有人會再因為戰爭，成了國家英雄的願望後，趕在天黑前，我和維修匆匆離去，那美麗卻有經歷過戰爭哀傷的加里波利半島，返回恰納卡萊市區。

電影可可夜總會裡，有句名言：「不遺忘就不是真正的死亡。」走訪紀念戰逝軍人的墓園，能見證到箇中涵義。

結伴旅行感到挫折的事——

吉爾吉斯
KYRGYZ

吉爾吉斯首都的「我愛比什凱克」打卡標地。

　　結束土耳其之旅，我們搭機來到了中亞的吉爾吉斯，展開下一段旅程，在吉爾吉斯首都比什凱克（Bishkek）停留一週左右，在此時跟維修有三件事溝通出現落差起爭執：是否去頌湖騎馬、騎單車速度看法、如何搭車南下的方式。彷彿旅行一切的不順遂，都發生在此。

🚲 是否去頌湖騎馬

　　想去頌湖騎馬這一事，我是等入境吉爾吉斯後，才跟維修提希望在這國家的旅途中，能安排去頌湖騎馬的活動，但他卻不高興這提議，要我說明理由。

　　我解釋：「難得來到吉爾吉斯，這個有馬背上國度之名的國家，為何不嘗試在臺灣沒有的騎馬活動？而且頌湖高山湖泊的風景很美，值得去看。」

沒想到維修卻回：「這個想去騎馬的理由太薄弱。」

面對這樣的回覆，讓我困惑想去體驗不同類型的活動動機，要多特別才行？在要顧慮旅伴感受下，導致我陷入是否得放棄自己有興趣的行程？在自我的拉扯中的掙扎，這是獨自旅行時不存在的煩惱，卻是結伴旅行會碰到的課題。

到了吉爾吉斯的前三天，雙方溝通沒交集，眼看自己想去頌湖參加騎馬的活動可能沒望，沒想到第四天，一個轉機讓我們取得共識：「處理吉爾吉斯的住宿證明（OVIR）。」

由於臺灣人到吉爾吉斯沒有免簽的待遇，照法規要在入境這國家的五日內登記住宿證明，萬一離境時被查到沒有這證明，會被罰款150美元（約4500台幣），據說這制度是蘇聯時代，在中亞國家留下的。有的中亞國家已經廢除，但是吉爾吉斯未明確廢除。

而處理這證件花錢又費時，所以讓我們決定延後入境塔吉克的時間，避開在塔吉克境內停留超過三十天，需要申請住宿證明的規定後，因而騰出來更多時間停留在吉爾吉斯，至此維修才同意去參加頌湖的騎馬活動。

討論是否要結伴去騎馬旅行一事，之後勉強才找到共識，這已令我感到苦悶，但是更苦悶的情況是：「遇到旅伴的不信任。」這讓我們的感情盪到谷底。

🚲 騎單車速度看法

我們決定去頌湖騎完馬後，離開比什凱克到南部大城奧什（Osh）這段路程，要帶著單車搭車移動，在找尋能載運我們和單車一起下去的交通工具的路途中，維修突然抱怨：「騎太慢了啦！時速不到十公里，這樣根本沒辦法騎帕米爾公路。」

我困惑地回問：「在市區道路要騎多快？不是早就跟你說過，我騎不快了嗎？」但對方沒有明確地回覆。

自己被這一抱怨影響，而感到心情很差，原先自助單車旅行能依自己騎乘步調，享受旅行的自在感，但瞬間被他搞得頓時盡失，也不理解他為何要如此急躁和不信任我。

　　面對當下這樣的情況，老實說，雙方一時也不知道要怎麼解開不愉快，只能帶著沉悶的氣氛繼續往前走，明明在彼此身旁，心卻距離好遠，面對感情隔閡的關卡，實在比剛到吉爾吉斯時，處理單車沒有隨同班飛機到達，以及狀況連連的住宿證明和塔吉克簽證申請，來得令人心煩。

🚲 如何搭車南下的方式

　　後來，我們在比什凱克的巴札 (Bazaar)⁶，找到了會南下到吉爾吉斯南部大城奧什（Osh）的蘇式小巴 (Marshrutka)⁷。

　　跟巴札司機洽談隔天包車下奧什的過程中，一開始我們希望車子能在隔天到旅舍載運行李和單車，但在不會當地語言的狀況下，溝通並沒有很順利，看得出司機聽不太懂我們的訴求。

面對這樣的情況，我跟維修建議：「出發當天一早，就把單車和所有行李帶來，當場談好價錢就上車出發。」然而，維修卻堅持要對方開車過來旅舍載運，才方便把東西裝在單車紙箱內並放上車。

　　後來司機收了一點錢，隨口說了個時間，根本沒跟我們仔細確認旅舍地址，就隨意把我們打發掉，但維修依舊認定巴札的司機有聽懂他的要求，而我在一旁很不愉快他的獨斷。

　　在維修對自己從騎乘速度，到搭車建議都不信任的狀況下，讓我一回到旅舍，心情就低落到落淚。沒想到跟自己交往多年的人，在需要互相協助的海外單車旅行途中，是無法信任彼此的旅伴。我一度受挫折到，有想要乾脆分開旅行，並在旅程結束前，先結束這段交往七年的感情。

　　維修一看到我不開心到哭，才慢半拍地發現他的言行傷到身旁的人，願意放軟身段致歉，坦承他心情莫名焦慮帕米爾公路旅程的規劃，一直被不確

01　　02　　03

01 以詩人托克托古爾·薩特爾甘諾夫（Toktogul Satylganov）命名的愛樂廣場（Philharmonic Square），中間雕像是吉爾吉斯的民族英雄瑪納斯；02 比什凱克的馬雕像；03 比什凱克的公園裡的當地居民，有不同族裔一同在此生活。

6　巴札（Bazaar）：一詞源自波斯語，在許多伊斯蘭教文化為主的地方，都是用這個詞來稱呼「市集」。

7　蘇式小巴（Marshrutka）：一詞源自俄語，這是一種中亞國家在鐵路和大型客運不發達之下，常見的交通工具，也就是私人小型長途汽車。

01 02　01傳統市集巴札裡販售的囊餅；02前往南部大城奧什的蘇式小巴（Marshrutka）待客區。

定和不滿意困擾，並表達處理自身情緒的方式不好。之後我們兩人好好地述說各自心情，這趟旅行才沒有變成分手之旅。

　　歷經在比什凱克這段旅行中，心情最低潮的時光，我體驗到跟人結伴的長時間旅行，反而比獨自旅行還不容易。獨自旅行只要顧好自己就好；但是結伴旅行，則得面對人與人之間長時間的相處及時不時的溝通和磨合，要不斷地探索雙方相處上各自能接受的平衡點，實際上更費心力。

　　有人說：「旅行是認識一個人最好的方式。」

　　我則會補充說明：去發展中國家，在面對旅行規劃上，會有更多不確定性存在的情況下，可以見到人面對這種壓力時，最真實的情緒反應和脆弱的一面。這是旅行磨練人的時刻，尤其是結伴旅行的時候。

　　最後，維修在比什凱克的巴札所預約的蘇式小巴，果然隔天放我們鴿子。但兩人卻在這時發現，一開始請住宿的旅舍協助我們叫車，就不會發生爭執騎單車速度，也不用花時間、浪費錢找尋能南下的包車。頓時，覺得我們彷彿是兩個笨蛋在一起旅行，會感到挫折又似乎是剛剛好的事。

很多人認為長時間獨遊不容易，推薦來體驗結伴旅行的各種莫名衝突，你就能一掃對獨自旅行的各種疑慮。

騎馬歷險記

吉爾吉斯
KYRGYZ

騎馬涉溪而過。

　　我和維修在吉爾吉斯首都比什凱克等待塔吉克簽證下來的空檔，去了頌湖騎馬旅行，體驗三天兩夜的「游牧民族逐水草而居的生活」，沒想到在騎馬的過程中，維修碰上狀況受傷，到年輕騎馬嚮導阿里請我們賣一樣東西給他，讓我們經歷了意想不到的游牧生活。

🚲 騎馬上路

　　吉爾吉斯境內山地面積占 **85%** 以上，這國家又有中亞山國之稱，在大陸型氣候的影響下，境內有廣袤的高山草原，並盛行游牧活動，幾乎人人都會騎馬。

　　在世界觀光旅遊活動的盛行下，吉爾吉斯境內也發展出騎馬住氈房（Yurt）的游牧生活體驗行程，提供外國人報名參加。我和維修選擇去頌湖，聽說這地方的湖景是吉爾吉斯境內最美的。

來到科奇科爾（Kochkor）的第二天早上九點，昨日傍晚在路邊搭訕並兜售我們一共 18,800 索姆（約 9,400 台幣）的頌湖三天兩夜騎馬之旅的人，依約來接我們，一起前往騎馬出發點，車子沿途行駛在不平坦的黃土路面，會上下震動，讓我感覺彷彿實際在騎馬一般。

到達出發點時，我們與未來會陪伴三天兩夜的兩匹馬和嚮導相見，嚮導才十七歲，是位叫阿里的大男孩。在三人準備要騎馬上路前，阿里很熟練地協助維修把他攜帶的馬鞍袋和背包，掛在馬背上；我則是背一個輕便的雙肩背包，沒有行李要掛在馬背上。

我們和阿里從海拔約 2,300 公尺的地方開始騎馬之旅，一路上隨著阿里騎馬，逐漸進入看不到任何石子與柏油路的荒野深山，遼闊的風景放眼所及盡是層巒疊嶂的山峰與無垠的綠茵草地，有些高山頂峰甚至可見積雪，也有放牧的牛羊在草地上吃草。我看著風景，再回首自己乘坐的馬匹，親身處在過去只能從照片或影片裡見到，邊疆游牧民族騎馬在荒野的情境，感覺有幾分不真實。

眼前所見勾憶起了中學時代，讀到一首形容游牧民族生活的詩詞《敕勒歌》，最優美的幾句：天似穹廬，籠蓋四野。天蒼蒼，野茫茫，風吹草低見牛羊。

然而，當身處在如夢般的美景下騎馬，有些一點也不浪漫的真實情況。

首先，高山上就算有涼風陣陣吹來，仍無法吹散夏季烈日直照大腿的酷熱；再來，真馬比鐵馬難騎，自己的馬兒經常走沒幾步就停下吃草，我也無法策馬前進，後來變成嚮導阿里要用繩子綁在他的馬後，牽著一起走，才有辦法向前，夢想中單獨騎馬漫步山嶺草原這事，不得不認清與自己無緣。倒是維修的馬兒比較聽話，路途的第一天，他達成全程自己騎馬上路。

沿途下來，除了遇到其他騎馬的遊客外，也可見到健行者、單車客用不同的方式在此旅行。

途中過溪時，我的馬差點跌倒，幸好真實沒發生，不然我若真跌入溪中，恐怕自己習慣放在口袋的手機，會先泡到水損壞，肯定會心痛的。

聽多數人談初次長時間騎馬，大腿會非常痠痛，自己則是背部比較痠痛。這一天騎馬下來，先體驗到騎真馬旅行即使不用像騎鐵馬，要雙腳一直踩踏，但在馬背上久坐，也是很累人。

旅程的第一天，騎了約四小時的馬，行進十八公里左右，最高點有爬到海拔 3,000 公尺。

🚲 住氈房的體驗

吉爾吉斯的騎馬之旅，除了能讓旅人體驗自行騎馬步行在荒野很吸引人之外，另一個重頭戲就是住氈房。

對於白頂圓形的大帳篷，過去自己習慣稱為「蒙古包」。但查詢下來，同樣以游牧方式過生活的吉爾吉斯人等突厥民族，則是將之稱為「氈房」（Yurt），兩者的外觀和設計略有不同。

我們的騎馬旅程，行程安排地很悠閒，第一天在下午三點半左右，就抵達一處位在山谷間的氈房，並早早入住。此刻距離當地晚上八點半日落並開始天黑，還有段時間，所以能從容地休息和在草原散步欣賞風景，是個非常美好的旅行步調。

01 氈房內部屋頂，為吉爾吉斯國旗上的圖徽；02 飯廳用的氈房內部，桌上擺著各式點心。

下馬後，我們步入住宿用的氈房，初次步入這樣的建築內部，對比外觀的潔白樸素，內部則在地上和壁面，掛上了色彩繽紛的吉爾吉斯傳統手工羊毛氈「西爾達克（Shyrdak）」和「阿拉齊葉茲（Ala-kiyiz）」。兩種手工製作技法不同的羊毛氈，都是用羊角、雲等大自然意象，作為主要的幾何紋樣，讓人感受到吉爾吉斯的民族藝術，與生活環境融為一體樣貌。而氈房內有這樣造景布置的諾大空間，是有奢華感的。

欣賞氈房內空間，仰頭望氈房上方，還有塊圓形頂蓋能打開透光，最特別的是頂蓋上的圖騰，為吉爾吉斯國旗上的圖徽，象徵游牧文化是這國度的代表。

我好奇詢問接待我們的主人有關氈房的使用情況，一位會說英文的吉爾吉斯女大學生回覆我們：「這幾頂氈房的支架已經用了上百年，外面覆蓋的羊毛氈，每十年會換一次。」其實在提供給遊客住的氈房，蠻容易遇到像阿里一樣的吉爾吉斯青年，除了協助家人接待外國遊客外，也打工賺這暑期限定的觀光財。

　　頌湖地區的放牧和騎馬觀光活動，盛行在夏季的七到八月，這一帶高山草原上的氈房，只在這時期搭立，到了九月天氣入秋轉冷後，氈房就會拆下，牧民和放牧的牛羊，也會轉往山下回鎮上生活，是典型的山牧季移型態。

　　入住氈房的初體驗，私心覺得最夢幻的一刻，是傍晚和阿里與接待主人一起用餐，一邊喝茶吃羊肉飯的同時，從氈房往外看，就可從門口處看見外面有成群牛馬羊的遷徙經過，非常壯觀，當下也來不及拿出相機拍攝，就把這自然實境美景放心底了。

　　騎馬旅行的第一天，一直等到約晚上十點，天全黑，看到戶外的滿天星斗後，才回去氈房內，躺在鋪好的厚被子裡入睡，結束這一天。

🚲 驚險一瞬間

　　騎馬之旅的第二天，一路上我的馬繼續讓嚮導阿里的馬牽著一起走，維修則維持獨自騎馬。本來以為騎馬的旅程會一直這樣持續下去，沒想到卻在中午到達頌湖附近一處氈房要用午餐前，發生變卦，成了中亞旅程中最危險的一刻。

| 01 | 02 | 01騎馬之旅包餐的飲食；02頌湖湖畔與騎馬的吉爾吉斯人。 |

我和阿里的馬抵達中午預計停留休息用餐的氈房外面，自己正準備下馬時，卻見到維修的馬兒突然暴衝，追著其他馬奔向頌湖後，再折返跑到一處被氈房遮住視線，看不到的位置。

　　遠看到這情景自己，第一個反應是嚇到。畢竟我們都沒受過騎馬訓練，騎馬遇到馬兒狂奔一定是危險的，更擔心維修是否會落馬受傷。自己和阿里下馬後，趕緊過去維修和他的馬所在的位置。

　　趨前查看，只見維修的馬兒已經由別人牽著，他則躺在草地上，一手撫著腰，臉色相當痛苦。一見這樣的情景，我在旁已經冷汗直流，甚至一瞬間擔憂地想過：「不會落馬後傷到脊椎了吧？萬一是的話，這該怎麼辦……」

　　幸好在現場的其他遊客前來協助攙扶，維修能站得起來並緩慢行走，確定他不是脊椎受傷，應該是在馬兒暴衝下，背部遭劇烈撞擊的挫傷。一位當地大叔也見狀前來關心，跟維修確認身上哪個部位不舒服後，經驗十足的把維修雙手拉著整骨一下，至少先把背脊錯位的部分移回。

　　等我們進入氈房內休息吃午餐時，維修述說事發過程：「到了中午用餐的氈房區後，突然有兩匹馬兒跑過我的馬兒旁，讓我的馬兒似乎醋勁大發，不想被超前，突然使勁全力狂奔追去，我拚命拉韁繩要馬兒停住，馬兒卻不受控地繼續狂奔，在馬背上劇烈地上下震動過大，我忽然聽到自己的背脊傳出『喀啦』聲響，之後就產生強烈地疼痛感，趁著馬兒從湖畔衝到氈房的晒衣繩前停住之際，我才趕緊下馬，躺在草地上休息。」

　　我沒概念馬會有突然抓狂奔跑的情況，一邊聽著他說，一邊心中懊悔著安排了騎馬活動，還好維修騎馬受傷，不是發生最嚴重的永久性傷害，不然這趟騎馬之旅，會成為我一輩子的自責。

　　事發後，維修的背部不舒服到無法騎馬，下午他慢慢用走的，跟著我們和馬兒沿著可見遠處高山積雪的頌湖湖畔，走一段路到第二天住宿的氈房區。

🚲 嚮導想跟我們買一樣東西

　　旅程第二天的下午四點，一抵達頌湖湖畔住宿的氈房後，剛好烏雲飄過來變天下雨，於是我們就和阿里、接待的大學生女孩，一起在一頂氈房內躲雨，吃點心閒聊。

彼此用英文有一搭沒一搭的聊下來，阿里對我們所攜帶行動電源特別感興趣，示意想購買，我和維修驚訝這突如其來的請求。

但當下我們選擇拒絕，表示我們之後旅程仍要使用，所以無法賣出，跟他溝通去比什凱克市區，應該就能買到。對於阿里為何會有此要求，我們覺得很詫異，想了一下，也許這是阿里第一次看到能用來充手機電的行動電源。

我們在旅程中也看到阿里有智慧型手機，但很少拿出來使用，應該是手機只能在回到城鎮時才能充電，所以少用才能避免一下就沒電。如果能有顆行動電源，對他在當騎馬嚮導時要用手機拍照，甚至是玩手機遊戲會方便許多，這或許是他提出要求，想向我們買行動電源的動機。

此外，要從頌湖附近城鎮，搭三小時半的車回首都比什凱克，對我們這些觀光客很容易，但對阿里來說，他恐怕沒多的時間去大城市買。畢竟現在是暑期旅遊特旺季，他若不拚命帶領遊客騎馬，浪費時間去大城市來回一天，為了買一顆行動電源，因而少賺錢，可能對他來說不值得。尤其居住在這樣的鄉間地區，除了在夏季有遊客來訪的季節之外，根本沒其他工作機會。

面對阿里的這個請求，讓我們發現對經濟處在發展中國家的吉爾吉斯青年來說，比起錢，會想要的是更好用的科技產品。

當下也不禁反思：「到底我們這些外國遊客是讓吉爾吉斯青年增廣見聞？還是令他們單純的生活，變得有更多的物質需求？」

在《旅行的異議》一書中，有提到觀光客的旅遊消費，看來能助益地方經濟，但也會對地方人民生活造成影響。希望我們不是為吉爾吉斯人帶來負面影響的那一方。

聊完天後，外面的間歇風雨也停了，向門外看去，太陽再度露臉，烏雲散去、藍天露出。從氈房往遠處望去，可見到頌湖綻放著寶石藍的美麗色澤，山邊還出現了彩虹，我們聞著無法透過科技產品體驗到的雨後草地清香味。

🚲 騎馬旅行最美的一刻

騎馬旅行的第三天，清晨五點開始亮之際，居然有牛開始鳴叫快一小時，我在頌湖湖畔的氈房內聽到後被叫醒，體驗聞「牛」起舞。但也多虧有牛群

01吉爾吉斯人也有飼養獵隼的習俗；02在頌湖附近氈房前留影；03放牧在高山草原上的成群牛羊。

鳴叫聲吵醒我，自己才會走出帳篷看到天色微亮，有如櫻花般的粉紅色天空，耀映著頌湖的晨曦風景。

等到八點多天全亮，要去供餐的氈房吃早餐時，見到其他遊客騎馬在氈房前合照，畫面美到瞬間吸引住我和維修的目光，讓我們在啟程前，也學別人騎馬與氈房合照，也跟遠方的頌湖合照。感謝別的遊客提供我們騎馬拍照的指引，讓我和維修在這趟騎馬游牧旅程裡，留下美好的紀錄。

離開頌湖湖畔之後，沿途幾乎沒停下休息，我們一路騎了四小時，約二十公里左右，翻越兩次山嶺，從海拔最高點3,200公尺處，一路下降到2,100公尺處，直到抵達一個村莊後結束旅程，我欽佩著馬兒的耐力之強。

到了旅程結束，得和騎乘三天兩夜的馬兒道別的那一刻，內心蠻捨不得的。尤其維修特別喜歡他騎的那匹馬，即使遇到馬兒暴衝，讓他陷入危險，且受傷的險境，他一點也不介意，還一度夢想買下陪伴他三天旅程的馬兒，希望讓馬兒以後老了，無法再負重工作時，不被賣掉宰殺，而是能被野放安養終年，但這樣的想法也是留在心底沒有付諸實現。

而我們在第二晚住氈房，要用晚餐時，有好奇詢問同桌的當地人：「在這買一匹成馬要多少錢？」英文比較好的一位女孩回：「大約70,000索姆。」當時吉爾吉斯的貨幣索姆匯率對台幣約 1：0.5，大約35,000台幣就能買一匹成馬，比買旅行專用的鐵馬還便宜。

最後也感謝嚮導阿里的帶領，讓我們順利完成這趟人生初次的騎馬游牧之旅，道別當下，我們另外贈送700索姆（約350台幣）給阿里作為服務費，期望這點錢能支付他來回比什凱克當地的交通費，祝福他買到想要的行動電源。

坐上接駁車回科奇科爾鎮上的途中，回首一開始跟維修提議希望來頌湖騎馬，結果卻弄到我們之間起爭執，不確定是否能成行；到好不容易上路，途中卻歷經維修騎馬遇險受傷。在歷經波折下來，挺過一切爭執和危機，兩人都有留下美好的騎馬旅行回憶的這一刻，就是我心目中，這趟騎馬之旅最美的一刻。

至於維修在無法買馬的情況下，為了一直記得愛駒的容貌，他後來的變通方法，是把手機螢幕裡的封面照，從女友（就是我）的照片換成愛駒的照片。看來騎馬後找到新歡，是他心目中這趟騎馬之旅最美的一刻……。

維修和愛駒的合照。

後話 TALK

騎馬之旅，維修的馬兒暴衝，導致他背部撞到舊傷復發，有影響到我們的後續旅程，所以，騎馬若沒學過馬術千萬不要獨騎。

探索奧什

吉爾吉斯

KYRGYZ

吉爾吉斯新人。

　　來到位在吉爾吉斯南部的奧什（Osh），為了買新的單車鎖，以及維修臨時起意要找當地的醫生，看診騎馬造成的背部挫傷並開診斷證明，反而讓我們在這城市停留多達六天。在旅行步調放慢許多下，多了不少時間，以探索這座位在古絲路上，有超過三千年歷史的古城。

🚲 買單車鎖

　　從比什凱克搭了十二小時的蘇式小巴南下到達奧什，隔天一早，打開紙箱組裝放在裡面的單車時，發現我用了十年的單車鎖遺失找不到，當下自己心情跌到谷底，懊悔沒記取在土耳其遺失單車帽的教訓：「不該配合別人要求，改變自己放置物品位置的習慣。」

　　我在單車旅行時，習慣將單車鎖掛在坐墊位置下方的單車架上，以方便隨時取來使用，但維修認為這樣不美觀，

01 販售各式單車零件的攤
位;02 新買到的單車鎖。

就擅自更改單車鎖的放置處。結果這次單車打包裝箱託運下來,不知為何放
置單車鎖的上管馬鞍袋會遺失,導致我再次失去隨身單車用品。

　　維修對於掉了一副單車鎖,一點也不在意,反而一派輕鬆地回應:「單
車鎖再買就有啦!」

　　這句話徹底讓我氣炸,他無法同理我遺失使用十年的單車鎖,會感到心
情低落,這已不單只是遺失物品,還有失去一個「有感情的旅行夥伴」的感
受,我不得不嚴肅地告知維修:「以後你再要求我調整放置個人物品的位置,
一律拒絕!」自己已經忍著沒說:「如果你還是硬要管,我們就『分手』!」

　　由於我們兩人只有帶這一把單車鎖,所以在奧什遺失後,兩輛單車都沒
有單車鎖,要在不帶單車鎖的情況下繼續上路,自己根本不安心,於是到了
奧什的第一件事,變成趕緊去買單車鎖。

　　到了奧什的巴札,找到電子地圖 Maps.me 上面一個標記販售單車零件的
位置,看到那是一間有鐵皮屋頂的小型攤位,前面停放著一些單車,攤位上
的桌面空間也擺滿單車用品,還有各式單車用輪胎、輪框和零件,一串串垂
掛在鐵皮屋頂下,遠遠看過去宛如叢林一般,這是自己在海內外見過的單車
店裡,單車用品在擺放上最密集的一間。

　　在這片「單車零件叢林」裡,幸運的是單車鎖掛在算顯眼的位置,竟然
一下就找到。我們花了 150 索姆(約 80 台幣),買到一把捷安特(中國製)的
單車鎖後,總算能放心繼續後段的單車旅行。

　　買到新的單車鎖後,維修又得意地說:「這樣妳又有個特別的吉爾吉斯
伴手禮啦!」

　　頓時,自己不禁疑惑:「這趟跟維修同行的單車旅行,對比起別人去旅
行都是走在夢想的路上,我怎麼是走在『好想分手』的路上?」

🚲 找醫生看診

最初計畫停留奧什四天，把上帕米爾公路的所需物資，到入境塔吉克的 E-Visa 簽證紙本準備好之後，就要準備啟程。但說好要出發的當天早上，維修仍覺得之前騎馬撞傷的背部不舒服，表示想去看醫生，所以出發這事只好突然喊卡。

維修臨時想去醫院看診的這天是週日，醫院一堆科別都沒開，只好等待隔天一早再去就診。於是多停留在奧什的週日傍晚，我們去一間 Brio 咖啡店打發時間，卻遇到一位香港女孩 Niva 主動與我們攀談，變成這天最幸運的事。

香港女孩 Niva 在吉爾吉斯工作，到這間咖啡店是為了參加活動。我們跟 Niva 聊下來，表示維修需要在奧什看醫生，於是 Niva 請她認識，且在醫療單位工作的吉爾吉斯女性朋友過來，對方也很細心地詢問維修的狀況和需求後，寫下本地語言作翻譯，並且留下她的電話，讓我們萬一明天看診時，在溝通上有問題，可以再請她協助，解決我們要去當地醫院看診，最擔心的語言溝通問題。

雖然在貴人相助下，寫了看診時，溝通用的妙計錦囊，隔天我們去奧什醫院，依舊歷經了一段大冒險。

在臺灣的醫院，通常在一棟建築裡，會有明確的指標，讓大家方便去找自己有看診需求的科別，且還有電子看板叫號，但是在吉爾吉斯第二大城奧什的最大醫院裡，不存在這樣的景象。

我和維修週一早上八點前，就到達奧什醫院的門口，進去後只見到幾戶低矮平房和庭園，人也非常少，感受不出是醫院的氛圍，還比較像是到了一個住宅社區。

我們看不懂院內的任何文字，不知去哪找醫生看診，只好在園區內到處走，更找了不只一次衣著看起來是醫護人員的人詢問；然後再到似乎是服務窗口的地方詢問，耗了十幾分鐘後，才總算找到有看骨科的門診。

奧什醫院的診間外。

好不容易找到門診，見到醫生，維修也拿出昨日獲得的就診需求翻譯，完成初診後，等了一陣子，才有另一位能說英文的醫院人員領著他去照 X 光。

到了照 X 光的診間，我在外等待，維修照完出來，一臉驚恐地說：「這邊對 X 光放射沒做任何防護，所有人都直接站在 X 光機旁，儀器也放置在開放空間！」

我只能安慰他說：「我們不會一直在這。」就趕緊跟他一起離開。

照完 X 光，回到原本的看診室時，我在外等了超過半小時，才見維修出來，他鬆口氣地說：「確定之前騎馬的撞傷沒有大事；綁個束帶在腰上保護就好！」

耗費兩小時看完診，領了醫生手寫處方箋，上面蓋了個模糊不清的院章當就診證明後，我們移往位在門口的領藥處。在付完就醫費用時，我們詫異只被收 270 索姆的藥品負擔費（約 135 台幣），照 X 光和看診是免費的！反而是維修買護腰束帶花的 1,025 索姆（約 515 台幣），才是最貴的。

儘管在吉爾吉斯去公立醫院就醫下來，費用不貴，但我和維修也不覺得有賺到，而且領的那些藥，包裝都是俄文，維修在看不懂之下也不敢吃，只希望院方開的手寫就診證明，在拿回臺灣申請保險時，會被承認就好。

之前在比什凱克，我有去找駐點在吉爾吉斯服務的臺灣家扶中心工作人員 Popo 相聊，他有談這國家的醫療水準落後，醫生手術常會失誤或誤診，都是很常見的事，對於那時沒見過落後醫療環境的我，當下還聽得很抽象。

等到這次我陪維修在奧什就醫，親眼看到這邊醫院環境和診療過程後，才總算理解 Popo 說的情況，深刻體會到臺灣的醫療能在健保制度下，讓診療費用維持平價，又保有一定醫療服務品質這件事，原來是如此不簡單。

🚲 千年絲路古城的美食美景

停留在奧什這座絲路古城生活的時光裡，這邊有一道美食，以及一處風景，是我和維修兩人都喜歡的，有緩和了兩人在吉爾吉斯之間的不愉快。

知名旅行指南上《寂寞星球－中亞篇》書中，對於中亞的飲食介紹，第一句就有聲明：「不要把中亞地區的食物，作為吸引你前來旅遊的主要原因。」

01 | 02　01烤肉串（Shashlik）；02蘇萊曼山頂的風景。

　　但是自己要反駁，因有一道中亞食物，卻讓人吃過會想念，就是「烤肉串（Shashlik）」。

　　由於吉爾吉斯是一個自然環境幾乎無汙染的國度，當地牲畜又在放牧下成長，無論是牛羊雞哪一種肉製成的肉串，不用醃製、調味的優質鮮肉現烤來吃，入口都很甜美，再搭配一點洋蔥絲，吃起來更是清爽，一下子就能吃完一串。

　　在奧什當地的戶外餐廳，點一份有著油汁滴出的現烤鐵串烤肉，坐在樹蔭下的露天長桌椅來吃，再配著一壺茶，大口吃肉、大口喝茶的愜意，是品味游牧民族豪爽風味的最佳選擇。

　　我和維修慶幸在啟程前往物資較缺乏的帕米爾公路之前，有吃到當地的烤肉兩次，作為精神打氣，因為之後的路途，新鮮肉食是奢侈品，特別在高海拔的荒漠地區，是很難吃到的。

　　吃完奧什的烤肉串之後，想要展望整座城市風景，或來開拓心靈的地方，就是到蘇萊曼山（Sulayman）登頂。

　　蘇萊曼山坐落於奧什市中心，是當地最顯眼的地標，自古以來為在地信仰者的朝聖地，後來在該區興起伊斯蘭教之後，也認為《可蘭經》提及的先知蘇萊曼就葬於此山。

　　山中有兩座十六世紀重建的清真寺，以及許多以人和動物形體為主的珍貴史前洞穴壁畫，所以這地方目前也被聯合國列為世界文化遺產。

對我和維修這兩位非穆斯林的外國旅人來說，我們沒有宗教朝聖目的，以及必看重要文化資產的需求之下，來訪蘇萊曼山的行程，純粹是來此眺望奧什市區的風景。

從入口處沿著石階，緊靠裸岩山壁而上，到達海拔約191公尺的蘇萊曼山山頂，從高處俯瞰腳下星羅棋布如同一塊塊方糖的房舍，以及望不見盡頭的費爾干納谷地（Fergana Valley）風景。遼闊的視野讓人有心靈平靜的感覺，加上徐徐的涼風吹來，使我們來了兩次，每次一待就是從下午坐到天黑才下山，也不覺得膩，或許這就是當地人視為聖山的魔力。

不過來此景點，除了遙想古代有行走絲路的商旅，穿梭往來在腳下的奧什市區，在那打開手機電子地圖Maps.me一看，可見奧什緊鄰著烏茲別克的國界，肉眼看不見的曲折國界，橫亙在腳下的費爾干納谷地上，劃分了吉爾吉斯、烏茲別克以及塔吉克三國，也是自己覺得特別的一點。

這段曲折國界的故事在《不安的山谷：中亞》書中，有提到昔日蘇聯獨裁者約瑟夫‧史達林（Joseph Scalin）為了鎮壓異議與國家意識，將費爾干納谷地分割成幾個地區，重新整個遷移數個民族，並用創新的地圖繪製方式形成現今我們所見的一切。

這樣人為的刻意遷徙族群和劃分，卻在一九九〇年代蘇聯解體獨立後，為這中亞三國在費爾干納谷地之間，帶來種族和邊境衝突。連自己腳下所站的奧什，在二〇一〇年都發生過吉爾吉斯族和烏茲別克族之間的種族衝突，不過我們在這短暫旅遊的時光中，感受不到當時種族衝突的緊張氣氛。

探索奧什之後，我們的旅程要以此為入口，朝向帕米爾高原前進。儘管已經詢問去過帕米爾公路的單車旅人，並蒐集沿線資訊，但在真的要準備上路時，還是會緊張自己的水和食物帶的夠不夠？一直比我焦慮的維修，還買了超過十個肉類罐頭帶著，令我疑惑他有這麼喜歡吃罐頭嗎？

期待卻也緊張面對未知的帕米爾公路旅程，終於要單車上路了！

對旅伴放置物品的習慣，即使自己覺得不認同，只要不會造成安全問題，就不要干涉，才不會因個人體貼，變成別人困擾。

當地孩童跟單車旅人擊掌。

JOURNEY
008

騎上帕米爾公路

吉爾吉斯
KYRGYZ

從奧什開始上路帕米爾公路後，逐漸往高海拔地區移動的路途中，本以為會是孤獨且辛苦的旅程，但是多變的自然景觀，到沿路相遇的人們，顛覆了自己最初的想像。在一個接近中國和塔吉克的吉爾吉斯交通樞紐小鎮，開始體驗資源有限的帕米爾高原生活。

🚲 上路的第一天

離開奧什市區，旅程開始進入帕米爾公路，到海拔2,357公尺的奇爾奇科山口（Chirchik Pass）前，全程都是緩上坡，就在快到奇爾奇科山口前，時間約下午五點半，沿途可見草地上有氈房和牲畜的游牧風景，我們計畫在此過夜。在路邊見到有一戶貨櫃屋前面有山泉水可用，於是我們便過去詢問能不能借空地紮營，在此過夜，沒想到女主人直接開貨櫃屋的門，表示裡面的空間可睡，而且已有毯被可用。

沒有住過貨櫃屋的我和維修，因出於好奇想體驗，於是跟女主人詢問住一晚的費用，原先對方開價 1,000 索姆（約 500 台幣），我們覺得太貴，於是再次協調後砍半價成交。

　　雖然用這價格住貨櫃屋，沒附餐也沒電，更不可能洗澡，不過除了能方便裝取山泉水來煮晚餐和洗滌鍋具外，也省去搭收帳篷和睡袋的麻煩，兩人認為有用錢買到一點方便，是筆划算的交易！

　　入住後，我們趁著天黑前，煮了泡麵，再加幾片白菜和開個魚罐頭來吃，是非常簡單的一頓晚餐，但是一整天騎單車下來，有熱呼呼的湯麵能吃，就覺得很美味。不過在帕米爾公路上食用自煮泡麵覺得美味這事，只限於旅途剛開始，日後快一個月的旅程中，常常在吃，後來也吃到怕了。

　　用完晚餐後，傍晚八點天色未黑，維修就累到先入睡，自己則是將手電筒掛在貨櫃屋寢室內的窗邊鐵杆照明手機，打一下遊記，記錄開始騎上帕米爾公路的第一天後，也準備入睡。

🚲 一路的祝福

　　騎上帕米爾公路之前，對在這條公路上騎著單車的想像，是身邊呼嘯過去的汽車之外，就只剩人和單車，與遼闊天地之間孤寂地對話，但騎下來後發現，這條路出乎意料之外的有「人情味」，反而是條最容易與人有互動的路。

01 上路帕米爾公路第一天住的貨櫃屋；02 在帕米爾公路上騎單車露營，最常自煮來吃的食物就是泡麵。

01	02

從吉爾吉斯前往塔吉克路上，在阿賴山谷（Alay Valley）中，沿著與溪谷河流並行的蜿蜒公路向前，道路不間斷的起伏，緩上緩下的，但搭配充滿變化的山谷風景，時而山勢聳立直入雲霄；時而河谷寬又沿岸有著高而平坦的台地。讓我們在騎乘時，就算沿途上坡居多，在這段路面狀況良好的柏油路上，看著這樣的風景騎單車，倒也不覺得辛苦。

途中我和維修停留在路邊一個候車亭休息之際，一對騎協力車跨歐亞單車旅行的法國情侶從反方向騎過來，特別停下來跟我們打招呼。對方談到他們從法國出發，打算花十個月的時間騎到新加坡，之後再搭機去騎紐西蘭，一知道我們是臺灣來的，也很開心分享他們之前在法國當熱水澡的接待主人時，有接待過臺灣來的單車客。

與法國協力車情侶聊不到十分鐘，又有六位瑞士單車客，有男、有女，也從我們的反方向騎了過來，並前來與我們攀談，突然同時有十位單車客，齊聚在帕米爾公路上。甚至在邀請大家合照當下，連附近的小朋友們都跑了過來，在旅途中拍到一群單車客與當地小孩聚在一起的合照，相當熱鬧。大家祝福彼此旅途順利愉快後，就各自再上路。

上帕米爾公路的第二天，就遇到這麼多自助單車旅行者，且同時在路上相聚，本以為很難得，但日後在路上，發現在夏季旅遊旺季下，這樣騎在半路上與其他單車客相遇聊天，甚至歡樂拍合照留念，互相祝福旅途順利，原來是如此稀鬆平常。有些當地小孩們，見到單車旅人，會在路邊伸出手等著跟你擊掌，也相當有趣。

一路與別的單車客和當地小孩相遇，互相祝福道別下來，在旅程第三天，騎到目的地前的最後一段上坡途中，見到一個小女孩跑過來，本以為是要擊掌打氣，結果卻是送上小顆的蜜桃，並分別放到我和維修的手掌心，當下真覺得自己是世上最幸福的單車旅人，**收到了世上最真誠地祝福**。

🚲 洗熱水澡是奢侈事

薩雷塔什（Sary-Tash）是吉爾吉斯南方一個城鎮，位在連接中國和塔吉克兩國的重要公路樞紐上，也介於三國交界。從這裡去最接近中國邊界的城

鎮伊爾克什坦（Irkeshtam），距離七十二公里；過去位處吉爾吉斯和塔吉克兩國分界的茲拉爾特山口（Kyzylart Pass），距離四十四公里。

　　站在這小鎮上，最美的風景是可以遠眺到海拔超過 6,000 公尺的群峰，山頂上白雪皚皚，積雪終年不化的壯觀風景，這是騎乘在帕米爾公路上，個人覺得最美的自然風景。

　　抵達這小鎮時，距離我和維修申請入境塔吉克的日期還有一週，因此我們很愜意地在這小鎮停留三晚，這是在抵達塔吉克的帕米爾高原城鎮，穆爾加布（Murghab）前，最後能上網、充電電子產品，以及洗到熱水澡的地方，而其中，自己最難忘懷在這洗熱水澡的回憶。

　　在薩雷塔什這高原村落，並沒有自來水供應系統，所有的生活用水都是用桶子去溪流汲水裝回來使用的。同時這城鎮也沒有瓦斯，燒水煮飯的燃料，

都是用牛糞。在這樣的情況下，洗熱水澡是件蠻奢侈的事，畢竟洗澡的耗水量比飲用水多太多。

在民宿洗澡時，主人還慎重告知：「只能提供給每人約十公升的熱水洗澡」，且在我要洗澡的時候，也很具體地領到一小桶熱水，從來沒這樣領水洗澡的自己，一開始還擔心不夠用，超級小心地控制每次舀水沖澡的水量，最後竟也順利洗完澡，體驗了人生洗澡用水最省的一次。

停留在這的時光，民宿限量的水電、網路，開始慢慢引領我們進入帕米爾高原辛苦生活的環境，但是眼下壯麗遼闊的高原風光，那一條通往塔吉克的路，依舊令我們期待著之後的沿途前進，以及即將探索著前方未知的一切。

後話
TALK

想在單車旅行路上相遇各國單車旅人和純樸的當地人，還要沿途有壯麗的風景，不要懷疑就來騎帕米爾公路吧！

| 01 | 03 | | |
| 02 | 04 | 05 | 06 |

01 路途上跟相遇的單車客和當地孩童一起合照；02 在薩雷塔什住宿的伊麗莎民宿（Eliza guest house）；03 伊麗莎民宿旁的農舍，可見到放置在一旁當燃料用的牛糞餅堆疊成塔；04 在薩雷塔什附近村落薩雷莫谷（Sary-Mogul）的風景；05 騎入薩雷塔什（Sary-Tash），開始能遠眺到白雪皚皚的山峰；06 薩雷塔什附近村落薩雷莫谷（Sary-Mogul）的清真寺。

無人地帶騎單車

吉爾吉斯

KYRGYZ

騎入無人地帶。

　　帕米爾公路在吉爾吉斯與塔吉克兩國的海關之間，有一段長達二十公里的無人地帶，在進入之前，就先遇到維修拉肚子，走在路況極差，又綿延無止盡的緩上坡路，艱苦前行到讓人有絕望感，但這一切在我們入住這區唯一的一間民宿後，又得到了身心靈上的緩解。

🚲 進入無人地帶

　　離開薩雷塔什鎮上的第一天，吃完晚餐後，維修身體就一直不舒服，半夜狂跑帳篷外拉肚子至少四次。儘管維修拉了一夜肚子，隔天他仍忍著疲憊，打起精神上路，兩人繼續向前騎。

　　到達吉爾吉斯的博爾達巴（Bor Dobo）海關口前方，可見到閘門擋著，裡面有軍人走出來開門讓我們進去，我和

維修移動到另一端閘門前的小屋，準備過海關出境。由於這個海關和軍事檢查哨結合，所以小屋裡的軍人同時也是海關人員，由他們對我們做出境審查。

審查下來，過程出乎我們意料之外的順利，海關只要求我們出示吉爾吉斯的 E-Visa 資料和護照，不看住宿證明（OVIR），並要求拍個大頭照，整個過程約十分鐘。最後在海關人員簡短地聲說：「掰掰（Bye-Bye）！」我們就被放行，可以騎到另一個閘門出境。如此順利就通關，令我們十分驚訝。

因來吉爾吉斯之前，途中與其他旅人交流訊息時，都有聽聞遊客在這國家，被海關或警察索賄，但我們都沒遇到。我們猜測是騎單車旅行的人，他們認得出比較沒錢，不是理想的索賄對象，才讓我們這麼順遂！

才剛開心完順利出境吉爾吉斯沒多久，很快地，柏油路就從我們腳下消失，讓我們見識到何謂「無人地帶」，開始領教「真正考驗」單車客的帕米爾公路。

無人地帶往塔吉克海關的路段，全程幾乎都是上坡，身處在海拔超過 3,000 公尺的地區，本來就空氣稀薄，又騎在凹凸不平的硬地路段上，每步的踩踏都更費力。速度難以騎快，要更小心地抓穩重心，才能確保不會摔車。即使沿途深豁的山谷風景很壯觀，在心力要優先專注於奮力向前踩踏之下，只有停下來休息的時刻，才有辦法悠閒看風景。

在前一晚維修拉完肚子，身體不適仍未復原之下，我們沿途經常停下休息，這一天騎不到二十公里，就花了快四個小時半，就算耗盡全力，速度卻幾乎跟輕裝在平地上走路一樣快，對我們來說，**無人地帶更像是無力前進地帶，單車騎到有絕望感出現**。

「為什麼要來帕米爾公路單車旅行？」騎乘在無人地帶時，我開始重新問自己這個問題。

🚲 僅此一間的民宿

騎到距離塔吉克海關前四公里半的地方，我們遠眺到有無人地帶裡唯一的一間民宿。顧慮到維修身體不舒服，要好好休息之下，決定騎經民宿旁邊時，順著路上舉著 Homestay 牌子，身穿軍裝褲的三位小男孩們的招呼下，早早在下午四點半時，就前去入住。

無人地帶飄著裊裊炊煙的民宿。

　　為何被規劃為無人地帶的地方，只有這戶人家可以在此蓋房居住，我沒有查到原因，也無法跟語言不通的民宿主人問出緣由。將行李卸下，把單車放到倉庫後，我們就跟著民宿主人步入外貌是由鐵皮屋頂和木條搭建而成的建築並入住。

　　民宿內部空間相當簡單，只有前廳、客廳和一間臥室，臥室和客廳皆有鋪上不同顏色的地毯，客廳牆上掛著有幾何圖紋且色彩鮮豔的布條，並貼著年分早已過期的日曆妝點，看過去不至於感覺家徒四壁，反而有著「人味」的溫度感。我繼續隨意瀏覽房子內的陳設，在前廳淺藍色的房門上，還看得到數張紀念開車橫跨歐亞的貼紙，是以前的住客所留下的。

　　這間無人地帶的民宿，有包餐，含下午茶、晚餐和隔天早餐，最豐盛的是晚餐，有熱茶、糖、囊餅、奶油、優格、白麵條加上幾小塊馬鈴薯，沒有任何肉和綠色蔬菜，但就是吃了能生存，不會餓肚子。

　　儘管在這的飲食非常平淡，但自己還蠻喜歡女主人在我們面前展示，現做囊餅的廚藝。她熟練地將麵團攤平成圓餅，再用針刺在餅上，並壓花後，放上客廳內的柴爐上方，現烤製成。囊餅是所有餐點裡看過去最美的，可是咬起來很硬，我們吃不習慣，就沒吃太多。

01無人地帶民宿的客廳；02無人地帶民宿的晚餐；03跟無人地帶民宿一家人的合照。

　　翻閱《馬可波羅遊記》時，他筆下有記錄遠行經過帕米爾高原時，步行十二天的路上皆十分荒涼，人跡罕至，因此出發時，必須備足路上一切的食用物品。

　　馬可波羅在遊記裡，並沒有記錄在此地旅行時，吃了什麼東西，不過我推測應該也有咬著乾硬的饢餅來果腹，以捱過這段路程。因為饢餅在中亞地區是歷史悠久且盛行的飲食，好保存，也方便長時間在外時，攜帶食用。

🚲 拍下一張全家福

　　我們除了在睡覺與外出上茅廁之外，都和無人地帶民宿的一家七口，一同待在客廳內，反而與這家人有不少互動機會。

　　一女四男的五位小孩裡，與他們用簡單的英文相聊下來，三位男孩不約而同的表示想長大後當兵，從他們手裡唯一的玩具是把木製的步槍來看，或許與他們生活中常見到軍人有關，也或許從軍能早日養活自己並分擔家計。

聊天之餘，民宿男主人似乎想到我們這些外國旅人，總會帶一些較先進的科技產品，所以特別拿出一張容量只有2GB的SD記憶卡，希望我們分享吉爾吉斯大城市比什凱克、奧什和我們家鄉臺灣的照片並存到裡面。

看到那張只有2GB容量的SD記憶卡出現在我們眼前，我和維修大感驚訝，因這個在臺灣市面上已經看不到的電子產品，居然能在這看到有人使用！而且民宿男主人看起來也沒有電腦與數位相機等電子產品，為何會持有這樣的東西？我們想不出理由。

維修當下作了一個決定：用相機幫他們拍攝全家福，存檔到記憶卡裡。

在維修的邀請下，民宿一家人坐在一起拍照，我們也跟著合照留念。但在民宿一家人裡，有其中一位小男孩已經睡覺，沒有跟著入鏡，維修也特別拍下那睡著小男孩的獨照，逗得其他人忍不住哈哈大笑。

幫這一家人拍照的過程中，儘管使用的是數位相機，卻讓我和維修兩個臺灣人，重溫了小時候跟家人出遊時，用底片相機拍照的溫馨感，也蠻高興我們可以用自身攜帶的科技產品，幫這戶人家拍攝全家福照。之後我們分享他們想看見的外地風光，並存檔到記憶卡送給他們收藏。

最後在天色開始轉黑的晚上八點多，維修和我準備先進入臥室休息，而民宿一家七口，則是把他們要睡覺用的被子與枕頭，都拿到客廳鋪好後，也開始享用他們的晚餐：馬鈴薯炒麵，跟我們這天的晚餐相同。

回到臥室蓋著厚被子躺在地毯上，房間窗外海拔4,000公尺高的夜晚低溫，不斷地從窗戶隙縫滲入，但在門的另一邊，不時傳來歡樂聊天的聲音，即使是聽不懂的語言卻散發著溫暖氣氛，能感受到這一家人，即使生活在世俗認定是貧困的環境中，但他們的心靈是富足的，這樣的幸福也洋溢到我們這來自遠方的旅人心裡，緩解了我們這日單車旅途上的身心疲憊。

生活環境再艱苦的天涯海角，只要有愛的溫暖，都是家的所在，在無人地帶民宿的一家人身上，我深刻感受到這一點。

生
活
在
高
原
上

塔
吉
克

TAJIK

茲拉爾特山口與地標。

　　單車旅行在帕米爾高原海拔4,000公尺以上的區域，比起稀薄的空氣和難以騎乘的路段等考驗，發現竟然還有一個關卡，是即使踏上帕米爾公路最高點也無法征服的，也是我們上路前，都沒想過會遇到的。

🚲 入境塔吉克

　　到達塔吉克海關前海拔4,250公尺的茲拉爾特山口（Kyzylart Pass）路上，有段長達一公里陡升的髮夾彎紅土坡碎石路，是入境塔吉克前，最有挑戰性的好漢坡。我和維修兩人騎單車爬這段路，才前進約一百公尺，就喘到不行，不斷地要大口吸氣，找尋海拔4,000公尺上稀薄的氧氣，讓我們很難持續騎下去，於是換用牽車走了快一小時半，才終於到達有著巨型山羊雕像的山口，這是我們在帕米爾高原旅程裡的第二高點。

　　離開山羊雕像騎下坡不到十分鐘，我們就抵達塔吉克的海關，海拔約4,100公尺的地方，時間大約早上十點四十分，

前方已有不少四輪傳動車在等待通關。站在這個世界第三高的海關口[8]外，即使身處在八月烈陽下，高原上的風一吹來，仍舊冷的讓人忍不住打哆嗦，同時也有遇到其他單車客完成通關，準備騎向吉爾吉斯。

這個塔吉克海關，也是軍人管理，輪到要審核我們入境時，我們先填好一張單子，才進入鐵皮屋將護照、E-Visa資料和單子等這些證件，交給一位坐在木桌旁的人員審核。看著審核過程，海關人員先是翻開紙本簿子手寫登記，等海關登記完，將我們的證件發還後，又再移往另一個閘門口，將這些資料交出去給另一邊的管理單位審核。

歷經了兩輪審查，在塔吉克海關戶外吹了超過一小時的冷風後，我們總算順利入境這國家，可以邁向這天的目的地卡拉庫爾（Karakul）。

前往高山湖泊旁城鎮，卡拉庫爾的路段，主要是下坡，甚至出現柏油路段，但最難忘的是行經一路段時，非得涉溪而過，溪內混著泥沙看起來有點湍急的溪水，深度大概只比腳踝高一點，自己牽車也能走過去，但在溪邊好心的當地居民，幫我把單車牽過去，並用小貨車載我過去；而維修則是婉拒對方好意，自行牽車涉溪而過。

入境塔吉克的第一晚，我們在卡拉庫爾吃著民宿提供的蔬菜稀飯湯作為晚餐之際，維修說他開始想念臺灣，說他一回到臺灣的桃園機場，想先去吃滷肉飯，再搭配手搖飲，還有炸雞排、滷味、牛肉麵……聽他述說著想念不完的臺灣食物，我在旁能深深感受到他的思鄉病。

飲食上會思鄉這關卡，是彼此在騎上帕米爾公路前，都沒想過的事，這關卡比路況差的上坡路更難征服。

🚲 碎石波浪路

在卡拉庫爾休息一晚，早上快九點出發後，就一路往帕米爾公路最高點的白馬山口（Akbaytal Pass）前進。一開始沿著卡拉庫爾湖騎乘的路況還不錯，沿途遇到不少從反方向騎過來的外國單車客，跟他們寒暄後，讓我們獲得不少資訊，但最重要的資訊是：「騎上帕米爾公路最高點，白馬山口前，有將近二十公里的路不好騎。」

大約中午十二點半開始，我們進入了外國單車客們所說的「難騎路段」，路面不單只是碎石路，還呈現波浪狀，路面會出現這種形狀，據說主要是過往行駛這段路的汽車（特別是大貨車）所壓出來的。

一騎上碎石波浪路，單車震不停，得要一直切換位置，找路面波浪痕比較沒這麼深的位置踩踏，才有辦法向前進一小步，在自己一直緊盯路面騎的狀況下，騎到後來覺得脖子超痠。再加上維修和我的重裝單車，我們兩人騎在這路段上，無論如何拚命踩踏向前，時速才約四公里。

伴隨著我們的沿途風景，有著無盡高原荒漠的遼闊感，但是騎單車在碎石波浪路上連續踩踏三小時，卻前進不到十五公里的情況下，又再次讓人有無力前進的崩潰感。我們在碎石堆不停地踩踏，吃力地推進到標示白馬山口牌子前，時間已經快下午三點半。

01   02   01 牽車走向茲拉爾特山口（Kyzylart Pass）路上；02 碎石波浪路段；03 帕米爾公路最
03   04   高點：白馬山口（Akbaytal Pass）的標示牌；04 在白馬山口標示牌旁的空地單車野營。

8 世界第三高的海關口：世界上最高的跨國海關位在中國與巴基斯坦的紅旗拉甫口岸，海拔4,705公尺。第二高的跨國海關位在中國與塔吉克的卡拉蘇──闊勒買口岸，海拔4,362公尺。

195

在標示帕米爾公路最高點的白馬山口牌子前休息時，可見到牌子上有各式貼紙和文字，紀念到此一遊。我在當中找尋到一張中華民國國旗貼紙，但只剩國民黨徽的青天白日顏色還在，滿地紅早已褪成白色，那是早我們一年來訪此地的彥伯兄，在二〇一七年橫跨歐亞單車之旅，騎經帕米爾公路時貼的。

後來我也決定跟風到此一遊留念，所以拿出黑色簽字筆在牌子的右下方寫我和維修兩人姓氏的英文拼音 Lin&Yu、日期 2018.8.9 和臺灣 Taiwan 等字留念，希望未來有其他臺灣單車客到此一遊時，能委託看一下字跡是否還在。

🚲 最高點前的野營

本來在白馬山口的牌子前休息和紀念到此一遊後，打算爬連續六公里的陡上坡，看是否能在這一天騎越帕米爾公路的最高點。

然而才一出發，發現維修已經累壞，牽單車每走約二十公尺就要停下來休息，爬陡坡速度慢到半小時前進不到一公里，我發現在這樣繼續往上走，可能會在接近天黑時才能到白馬山口，而且帕米爾公路頂點也不適合紮營，於是我們決定折回白馬山口告示牌下的空地野營，換等明天早上再攻頂。

在海拔 4,200 公尺的地方野營，是我們這段中亞單車之旅的住宿中，海拔最高的地方。然而，身在如此高海拔的地方只要沒吹風，在夏季的烈陽下直晒，其實是會熱的。紮完營後，下午六點開始煮晚餐，為了減輕行李重量，我們直接拿出從奧什買的牛肉罐頭加上幾片高麗菜和在比什凱克買的日式細麵條，讓已經泡麵吃到怕的維修，能換個口味。

高海拔地區氣壓低，開牛肉罐頭時，得將罐頭朝外打開，因為罐頭內高壓密閉，在開罐當下，裡面的氣壓驟降，罐內的湯汁會噴出來。此外，水溫的沸點也低，我們用沸水煮日式細麵條超過十分鐘，麵心仍無法煮透，在確定麵條煮到能咬得下去，就索性關火把烹飪用器材和牛肉湯麵收入帳篷，開動用餐。這頓餐吃下來味道偏清淡，但在高海拔地區野營，能自煮牛肉湯麵吃，已經是豪華的享受。

晚上八點日落前用完晚餐後，我們在風聲不斷拍打帳篷的吵雜聲中就寢，這天累壞的維修很快就熟睡，自己則是被外頭的風聲吵得半睡半醒，不知躺了多久才在昏沉中入睡。

01 白馬山口（Akbaytal Pass）上；02 到達帕米爾高原上的大城鎮穆爾加布（Murghab）前的路標

🚲 攻頂最高點

要攻頂帕米爾公路最高點這天，一早六點多，自己一起床，就拿出汽化爐開始煮熱茶和湯麵來吃，這一早煮的熱湯麵跟昨晚的食材相比，只有牛肉罐頭換成魚肉丸罐頭，其他的仍然一樣，但是都比乾啃麵包好！

用完早餐後，開始收帳篷，在去帳篷附近空地上廁所時，有看到被丟棄的空罐頭，直覺應該是其他曾在同樣地方野營的單車客留下的，不過我們離開時，並沒把自身製造的空罐頭亂丟，都有帶走。

出發後的陡上坡碎石路，即使在我們休息過一晚，仍舊無法全程用騎的上去，不管是騎單車或推車，每走一小段路，就累到要停下來休息後，才有辦法繼續往上走。短短的六公里，我們耗了兩小時半，才終於登上帕米爾公路的最高點：海拔 4,655 公尺的白馬山口。

登頂的當下即使累翻了，仍非常開心完成了一項自我挑戰。畢竟帕米爾公路路況不佳，也讓單車騎在這條路上更為顛簸，騎到出現不只一次的絕望感，但是在一步一步堅持走下去，不斷地與自我的疲憊對決下，也終於踏上這條路的最高點，這段登頂的經歷比結果更令人難忘。

白馬山口上並沒有任何告示牌和地標，也無遮陽處，我們拍照、吃夾心餅乾和喝水休息後，停留不到半小時，就迎接長達七十五公里的下坡，奔向塔吉克在帕米爾高原上的大城鎮，穆爾加布。

🚲 美好人生

到達穆爾加布後，原本想去許多單車客居住的帕米爾飯店（Pamir Hotel），誰知才到門口，就遇到另一對單車客情侶告知已額滿，只好改去別人也有推薦的民宿 Home Stay Suhrob。

這間民宿位在一處山坡上，又沒明顯招牌，讓我查了電子地圖 Maps. me 兩次，重複確認是否找對地方之際，在旁已經累壞的維修脾氣瞬間火爆起來，不爽我猶豫不決是否要上去，當下我也不想包容他的疲憊，火大到回嗆他：「不然換你隨便找一間，一起去住地雷算了！」

後來我沒繼續跟維修多作爭執，先自行騎了一段緩上坡，找到民宿後，先詢問是否有床位可睡，確定仍有床位，且又提供我們兩人單獨睡一個房間，不用跟其他人混居，以及有熱水澡可洗後，即使一人一晚要價15美金（約500台幣），我們也決定入住。

一放好行李後，已經四天沒洗澡和換過衣服的我們，決定先去洗熱水澡！洗完熱水澡後，旅途的疲勞和溝通不愉快的火氣都頓時散去，即使民宿提供的晚餐是：紅蘿蔔絲搭蒜末涼拌沙拉、蔬菜稀飯湯、囊餅、甜奶酪和茶，雖是一樣簡樸的飲食，竟然也變得美味，飲食上的思鄉病，症狀似乎變輕了。

人生對於美好的標準，親身在帕米爾高原生活一個禮拜以上後，早已撒下世俗裡要有好工作和收入，享受物質上要有品質的生活觀點，自動降低到有熱水澡可洗；不用吃泡麵、罐頭、乾糧，果腹就很滿足，連和旅伴吵架有氣，都能這樣就消氣，這就是帕米爾高原的魔力。

穆爾加布的市集。

後記
TALK

人對生活需求的慾望和標準，跟氣壓一樣，會隨著海拔升高逐漸降低，停留在帕米爾高原越久，會降得越低。

大
逆
風

天黑前在帳蓬內煮泡麵。

　　騎在帕米爾高原上，我們離開穆爾加布後行經了檢查
點，也遇到了吹不停的大逆風襲擊，對比這些大自然考驗，
還有一種情況是比這些關卡更難以掌控，也是上路後才體
驗到的事。

🚲 檢查點

　　在塔吉克的帕米爾高原地區，有設立數個檢查點，來盤
查出入這地區的任何人車，一離開穆爾加布市中心往外走，
我們就遇到入境這國家後的第一個檢查點（Check Point）。

　　進去之前，維修談到自己擔心會在那被刁難和財物遭
竊，他先前看網路上有歐洲遊客分享遇過類似的情況，我
則在心裡想著，沒聽說有單車客分享，在這路上的檢查點
遇過麻煩事。所以兩人抱持著截然不同的心情，進入一樣
的地方。

　　我們拿著護照和 E-Visa 簽證的紙本，一起進入穆爾加
布的檢查點後，裡面的軍人很友善，還跟我們打招呼說華語
的：「你好！」我還隨意看了檢查點內部的環境，見到牆上有
用簡體中文字標示「XX 建材」，推測可能這檢查點都是用

來自中國的建材建造，加上這城鎮也是通往中國的重要中繼點，在這裡駐守的軍人，肯定也見過不少中國貨車司機，開車往來並運輸兩國之間的貿易物資。

檢查點的軍人迅速地手寫我們的護照和簽證資訊在紙本上後，約十分鐘左右就順利完成登記，放行我們可以繼續往前走，我也鬆口氣維修的憂心沒有成真。

跟維修旅行一個多月下來，他在旅程上展現有細膩做功課的習慣，都是在預設旅程上「會」遇到各式不好的情況，老實說我並不喜歡他這習慣，容易帶給人焦慮感，反而無法放寬心保持彈性看待當下，我試著包容，但心中沒有浮現想忍受到什麼程度的答案。

🚲 大逆風

下午一點多後，路上開始吹起大逆風，吹到我們即使騎在路況良好的柏油路上，也非常難前進。

大逆風的風向不是只有從正面吹來，也有從側邊吹來的，讓人要使盡全身的力氣才能維持平衡。即使單車的前後變速器都已切換成最輕檔，但每一步的踩踏依然非常吃力，甚至踩到膝蓋都有一點痠痛。自認已經拚盡全力向前衝，可是瞄一下單車上的碼錶，時速又是四公里不到，速度跟之前騎在上白馬山口前的碎石波浪路差不多，都讓人騎得累到產生厭世感。

在無停歇的大逆風向前騎下來，我先到達海拔 4,137 公尺的高點：內沙塔什山口（Neizatash Pass），等待騎在後方的維修，我在原地等了半小時之久後，他才抵達。而就算過了這個山口後的路是下坡路，在大逆風下，依舊是寸步難行，結果又在轉眼間，時間到了傍晚七點，距離下一個城鎮還有四十六公里遠，我們決定在大風的情況下於路邊野營。

🚲 大風下的野營

初次在吹著大風的帕米爾高原荒漠下紮營，讓路途上原先不合拍的兩人，又轉變成患難與共，需要相互扶持。我慶幸著此刻是兩人一起搭帳篷，相對容易架起帳篷。不然在這陣狂風大到在穿帳篷的支架時，萬一沒有另一人在

旁壓住帳篷，會發生當帳篷一撐好支架，在立起來時，可能就先被大風吹走，追不回來的情況。

好不容易用支架撐起帳篷後，我們趕緊將行李丟入帳篷，才確保帳篷不會被大風吹走。也還好帕米爾公路邊的平地找得到不少石頭，土地的砂石也適合打入營釘固定，維修就用超多石頭壓住受風面的帳篷端，以及把每個打營釘的點壓石頭固定，並把營繩拉好、拉緊之下，才終於確保我們這晚在大風下的野營帳篷能穩固不被吹飛。

被大逆風摧殘半天下來，已經精疲力竭的維修原本想吃點餅乾就睡覺休息，但是我實在很想吃熱食，於是我就趕緊開伙，在一小時內煮好兩人的泡麵，讓我們能在日落前吃到熱食，天黑前弄完一切的事情後入睡。

01 準備紮營；02 傍晚在大風下的高原荒漠野營。

在吃晚餐閒聊時，維修抱怨我在大逆風下的緩上坡一直向前騎沒等他，他中途累到不想走，有一度想就地紮營，等我往回走！我只好解釋，自己想一口氣騎到頂，實在不想停下來慢慢走。

其實當我聽到維修的抱怨時，在內心翻好幾個白眼，記得之前他在吉爾吉斯的比什凱克的青年旅舍時，當著正在聊天的外國車友面前，毫不留情地質疑過我騎不了帕米爾公路，讓我氣到快當眾跟他翻臉。然而，等到騎上帕米爾公路後，我狀況比較好，騎乘速度比他快，當他在後面苦追之際，就換他哀哀叫了。

長途單車旅行的修行裡，無論在多艱苦的自然環境下騎單車旅行，就算是在公認騎起來最折磨人的大逆風下，我確定都沒有比跟人騎單車，忍受同伴的難搞的脾氣來得累人。情侶交往一起去單車旅行，想測試愛情的底線，來環境艱困的中亞帕米爾公路地區，效果特別好。

後註 TALK 大逆風下的結伴單車露營，唯一的好處是為了生存，和旅伴之間不管有發生什麼衝突，都至少會先合作搭好帳篷。

下撤

司機將單車綑綁在車頂，載運我們下撤到霍羅格。

在維修又遇到身體不舒服的狀況之下，我們決定放棄部分帕米爾公路路程，先乘車移動到大城市再做後續打算。乘車下撤的途中，自己大意做了一件事，導致了後來換我上吐下瀉，讓我們兩人接棒碰上身體不舒服。

🚲 不舒服再次襲來

在前一天的大逆風吹拂下，在風中野營度過一晚後，隔天要上路時，風早已經停歇，讓我們很順利的一路騎到阿利楚爾（Alichur），這個本來計畫前一天就要到達的城鎮。

阿利楚爾是要騎往瓦罕走廊（Wakhan Corridor）之前，路上最後一個有居民的村落，接下來到瓦罕走廊上的蘭加爾（Langar）這村落前，有將近一百二十公里路況極差的路段，都是無人居住的荒野地區。

阿利楚爾（Alichur）。

　　我們一進入村落，就遇到當地居民詢問我們是否要住民宿，在答應是否要入住前，剛好維修想喝可樂，所以先請對方帶我們去村裡的雜貨店買到可樂後，我們才前往那位帶路居民家開的民宿 Homestay Shokhrona 入住。

　　一入住民宿後，維修表示腸胃又不舒服，臉色鐵青、全身發冷外，還加上頭痛，苦不堪言，因此我們還特別拜託民宿主人，把寢室內的爐子燒火，讓維修能取暖以緩和症狀。

　　維修認為是早上的泡麵、茶和巧克力一起吃下去後，造成他的腸胃又不舒服。面對這些症狀，我們手中的腸胃藥，維修覺得吃了不太有用，於是當晚住同間民宿的一位德國單車客大哥，還拿出德國製的腸胃藥，送給維修吃，看能不能緩解他不舒服的症狀。

　　我看著維修被各式身體不舒服的症狀夾擊，也只能希望德國製的藥有用，默默地祈禱他好好休息一夜後，所有病況都會轉好。

🚲 決定下撤

　　翌日清晨天未亮之際，維修忽然開著手電筒，搖我起來後說：「我們乘車移動吧！想快點回臺灣。」自己睡眼惺忪，看著在慘白燈光下，映照著他憔悴的臉，靈異劇場般的畫面在眼前上演，我也被嚇到睡意全消，立刻回應：「好、好、好。」

　　我也怕他的狀況變得更糟，立即同意先移動下山，到塔吉克在帕米爾高原入口大城霍羅格（Khorog）。不然在阿利楚爾這鄉下村落沒有網路，連要重訂機票都沒辦法。而且也沒有從這裡直達首都杜尚別（Dushanbe）的蘇式小巴，非得先到霍羅格才能轉車。

請民宿主人幫忙聯繫可載運我們和所有行李到霍羅格的蘇式小巴後，在等待能來接我們的蘇式小巴，長達三小時的時間裡，原本身體極度不舒服的維修，狀況又轉好，想改變心意，換成多停留一天在阿利楚爾這民宿休息，並付一些車資貼補來接我們的蘇式小巴，希望能繼續騎下去。

若不走接近阿富汗邊境的瓦罕走廊路線，走帕米爾公路 M41 主幹道，路況就比較好，只要再向前騎六十公里，撐過海拔 4,272 公尺的克伊德薩克山口（Koi-Tezek Pass），後段路線幾乎全程是下坡，能騎單車一路滑降到達海拔約 2,000 公尺的大城霍羅格。

但當四輪傳動車的蘇式小巴，在約早上十一點來到民宿後，司機很強硬，不管我們搭不搭，就是要收原本談好的價錢，聲稱他為了要載運我們的行李，少載了本來跑一趟就可賺錢的貨物，費用是兩人 500 索莫尼（約 1,500 台幣）。

維修不想白白送人那筆錢，所以不甘願地決定要乘車下山，我在一旁勸他先下山休息，確定身體狀況沒問題比較重要，現在不要逞強走後續路段，免得半路身體再出事，完全找不到救援。

之後，彼此取得共識，先乘車去霍羅格再做打算，接著就把單車和所有行李從民宿搬出來，司機也熟練地先把馬鞍袋和登山背包丟上車頂，用大帆布包起來後，再把我們調整過龍頭方向的兩輛單車，置頂在包著行李的大帆布上，用繩子綁住單車，繫緊在車頂的車架上，讓我們見識到原來四輪傳動車能這樣載運單車和行李。

🚲 乘車的帕米爾公路之旅

儘管迫於身體健康因素，放棄騎乘從阿利楚爾到瓦罕走廊這段期待已久的路線，轉而乘車沿著帕米爾公路主幹道 M41 號公路前往霍羅格。但是沿途風景依然壯麗，從一望無際的荒漠地景，隨著海拔下降，開始變成群山峻嶺配著山谷綠地、溪流與民宅，果然不負有萬山之國美名的塔吉克。

我們約中午十二點離開阿利楚爾，一路到霍羅格約五小時的兩百公里車程，路況也是時好時壞的，司機開車時，常也得左閃右避路面的坑洞行駛，乘坐在車內並沒有很舒適，如果是容易暈車的人，蠻有可能坐到想吐。

M41 公路上沿途壯觀的千山萬壑。

　　中途休息時，車子停在隧道口路邊，山壁上有山泉水流出，可以看到當地人裝水直接飲用，我也入境隨俗，跟著裝一點水來喝，殊不知這舉動後來讓自己陷入了危機。

　　在快到霍羅格時，有經過一個檢查點，本來我們兩位外國人要拿出護照和簽證給軍人查驗，但在司機遞兩根香菸招呼之下，護照還沒交到軍人手上看一眼，就直接整車放行了，這是塔吉克的蘇式小巴司機對外籍遊客螢體貼的服務。

　　到達霍羅格在市區，隨便找一間能把單車放在裡面的民宿，弄好住宿事宜後，兩人出去吃晚餐，在飯後散步時，突然覺得自己全身很疲憊，就在天黑前返回民宿休息，結束了大移動的一天。

🚲 換人掛病號

　　許多前人分享來塔吉克自助旅行時，因為當地環境條件不佳，所以只要停留時間夠長，普遍都會碰到拉肚子的情況。

沒想到抵達霍羅格的這一夜，我也碰上這定律。深夜時突然上腹部絞痛到睡不下去，只好趕緊從二樓房間跑去樓下的廁所，但試著嘔吐也只吐出一點汁液；覺得要拉肚子也只拉了一點東西，本以為症狀緩和，不舒服過去後，回床上躺不到半小時，腹部絞痛的症狀又襲來，只好再去廁所就位，到天亮之際，我房間和廁所來回跑了至少四趟，差不多可以抱著馬桶睡覺了。

從帕米爾高原上的鄉下村落下撤到城市後，居然換自己上吐下瀉，想了一下可能的原因，推測是昨天乘車到霍羅格途中在休息時，直接喝了路邊的山泉水才中獎的吧！忘了自己不是當地人，沒有「鐵胃」能在塔吉克生飲任何看起來乾淨可口的山泉水，而代價就是上吐下瀉了。

儘管自己上吐下瀉一夜後，身體極度疲憊且不舒服，但在維修不滿意霍羅格住的第一間民宿早餐，只有難以下嚥的白飯和乾麵包之下，自己仍咬牙起床，把所有行李收拾打包，跟他搬去對面的 Welcome Inn 民宿住。

換一間環境和價格都比較好的民宿入住後，身體不舒服的自己，一整天就躺在民宿的床上休息，沒有再外出，度過了出門兩個月以來，躺在床上休息最久的一天。休息時，怕肚子吃任何東西都會不舒服，所以這一整天除了喝流質的能量凍飲外，只有吃幾顆小蘋果。睡前時又拉了一次肚子，但是腹部絞痛的症狀已經明顯減緩許多。

最後，我們兩人在 Welcome Inn 住了兩晚，在充分休息後，總算身體都康復，決定不提前回臺灣，換帶著單車，乘車到瓦罕走廊的蘭加爾後，繼續旅程。

帕米爾高原入口大城：霍羅格（Khorog）。

後記 TALK

「路」一直都在，是遺憾決定放棄挑戰帕米爾公路環境最差路段時，給自己的安慰。人身安全比騎完全程重要。

跟著羊群牧人走在同一條路上。

塔吉克和阿富汗兩國之間有長達一千三百四十四公里的邊境，以河流作為分界，我們帕米爾公路的旅程後半，騎在這段邊境上，一路能看到阿富汗的領土，沿途一切人事物，從瓦罕走廊到深夜食堂再到被當地士兵盯上，都是故事。

🚲 瓦罕走廊

在塔吉克和阿富汗兩國相連的邊境裡，其中一段是位在瓦罕走廊這區域。

形狀狹長的瓦罕走廊，位於帕米爾高原南端和興都庫什山脈北段之間的一個山谷。介於塔吉克東南、阿富汗東北、巴基斯坦東北、中國西部等四個國家交界帶上，在歷史上是古絲路的要道之一。這一帶被認為是來自東方的僧侶，法顯和玄奘往西方取經路上，以及來自西方的馬可波羅前往東方貿易的路途，都有行經過的地方，被認定是世界東西方文化交流的走廊。

我們的旅程在塔吉克的瓦罕走廊區域，從蘭加爾這村落開始走，一路沿著噴赤河行走，往回向霍羅格。

這段路途只有經過村莊時，偶爾有一丁點柏油路，大多都是碎石路，無法騎快。有些緩上坡碎石路一踩下來，

輪子就打滑，常常得牽車走過去；甚至還有些路段全是沙子，比碎石路更難騎，完全沒辦法踩，非得要牽車才能走過去。而且路上一遇到有車子開過去時，路面經常立刻塵土飛揚，只能趕緊把口鼻遮住一下，不讓自己被灰塵嗆到，顧不了全身被灰塵沾得灰頭土臉的。

由於無法騎快，就能速度放很慢地欣賞周圍風景，從灰色水流的噴赤河，到河對岸的興都庫什山脈壯麗裸岩與高處終年累積的皚皚白雪，以及山下些許有著涓流經過的草地，甚至是黃澄澄的麥穗熟成，有當地居民在田中收割的身影，都是路途所見的景色。

最驚豔的是有一段上坡轉角處，一騎上去即可遠眺到有著大片麥田落在對岸下方的阿富汗村落，視野美到讓人在連看好幾日瓦罕走廊風景，似乎看到膩之際，又再次驚嘆。

瓦罕走廊不愧是帕米爾公路上，公認風景最有變化的地方，尤其是夏季來造訪，每一步都會有不同的風景。

但途中唯一讓人有點吃不消的是會遇到許多當地小朋友來打招呼，千篇一律地問你：「Where you come from?（你從哪裡來？）」、「What's your name?（你叫什麼名字？）」。也會有小朋友忽然要你「Stop one minute.（停個一下。）」或「Photo」要拍照。儘管知道小孩們是真誠熱情的，但對自己這個踩單車匆匆路過的外國人，其實吃不消一天下來幾十次這樣的問候，有點抱歉的是，到後來都用冷漠以對並簡短回覆：「Fine! Thanks!（我很好謝謝！）」來打發這看來無止盡的循環。反而小朋友遇多了，還比較喜歡當地老人家簡短親切地說：「Salam」打招呼。

瓦罕走廊上除了變化的風景和純樸的民風迷人之外，同時能親眼看到阿富汗這國度的領土，這也是自己想來瓦罕走廊的理由之一，即使那個國度在

01 夏季瓦罕走廊的麥田風景；02 瓦罕走廊村落裡，熱情和旅人打招呼的當地孩童；03 夏季瓦罕走廊的風景。從遠方山頂積雪的阿富汗興都庫什山脈，到隔噴赤河下方的塔吉克端的綠色麥田。

國際新聞下，仍有相當排外的保守伊斯蘭教派組織塔利班活躍，讓我們不敢貿然過去造訪，但旅途中一見到跨國陸橋的時候，仍夢想著有一天，腳下隔著噴赤河的對岸國家變得更和平穩定，有機會去探險造訪。

🚲 路邊的深夜食堂

離開瓦罕走廊後，我們繼續沿著塔吉克和阿富汗邊境行走，在某天約六點半，路過一間戶外餐廳，跟餐廳協調後，我們付一晚30索莫尼（約100台幣），在裡面能眺望到兩國邊界夾著噴赤河的峽谷景觀的座椅平臺，搭帳篷過夜。

天色變黑後，餐廳也點亮燈，景觀和白天完全不同，但我們也疑惑這在鄉間路邊的餐廳晚上營業，會有人來用餐嗎？在未有其他客人來用餐的情況下，飢腸轆轆的兩人在這間沒有菜單的戶外餐廳，點了兩碗馬鈴薯紅蘿蔔肉塊湯麵來吃，味道出乎意料的美味，用完餐還與經營餐廳的一家人在櫃檯聊天。

等到我們累了要回帳篷休息之際，才看到有其他客人出現，跟其中一位來用餐的客人聊了一下，得知對方是開車要趕夜路到瓦罕走廊的司機。之後，這間戶外餐廳陸續有更多客人來用餐，一直到晚上十點，才見到這深夜食堂熄燈，結束了這一天。

隔天早上七點不到天剛亮，自己就醒來，因聽到噴赤河在遠處下方奔流的聲音、鳥兒的鳴叫聲、住在餐廳的狗兒叫聲，也有其他客人來用餐聊天的聲音，戶外餐廳的早晨相當熱鬧有各式不同的聲音，卻不會吵雜到無法享受清淨。在戶外餐廳有樹蔭的情況下，即使超過早上九點，太陽也不會晒到帳篷，讓本來就愛睡的維修睡得更是舒服，不然之前野營，幾乎在超過早上九點後，陽光就會開始照射到塔吉克這一端並熱起來，根本不可能想多賴在帳篷休息。

01 傳統中亞料理：手抓飯 Pilau；02 傳統中亞料理：
羊肉清湯 Shorpo；03 在戶外餐廳絕美的露營風景；04
協助家人經營戶外餐廳的三姊妹。

　　維修和我都喜歡這餐廳的風景，加上有樹蔭可遮陽，環境涼爽又無蚊蟲，要用餐能直接現點不用自己開伙，無法洗澡和充電也沒關係。兩人想多享受這樣的帕米爾高原鄉下風景，於是就決定多停留在這裡一天。

　　多停留此地休息的一天，由於自己較早起床，就到一旁的餐桌點壺熱紅茶，搭著先前在路上買的餅乾和蘋果作為早餐；等維修起床後，剛好戶外餐廳也開始提供客人餐點，我們就跟著點來享用當作午餐，有著紅蘿蔔絲、洋蔥絲、番茄塊、羊肉塊的中亞式炒飯，為手抓飯，在塔吉克叫 Pilau，味道也很美味；到了傍晚，餐廳供應了羊肉清湯，湯裡有羊肉塊、紅蘿蔔和洋蔥，一碗吃下來也很豐盛，這也是一種道地的中亞料理叫 Shorpo；等到天黑後，我們則點了煎蛋和熱狗來吃。

　　在這座戶外餐廳待了兩天一夜用餐下來，每餐餐點都不同，把常見的中亞民間料理吃了一輪。

　　整日待在這戶外餐廳的時光，除了吃吃喝喝之外，維修拍了不少張這家人的生活照想作分享，根據之前和無人地帶民宿一家人打交道的經驗，詢問了一下，也再次拿到一張了 2GB 容量的 SD 記憶卡，用筆電存檔分享，讓我們有機會為當地居民留下回憶，這是旅程中，我對維修諸多抱怨下來，唯一特別欣賞他做的事。

　　以前中學時代，讀過某一期國家地理雜誌故事一直讓我印象深刻。內容是在一九八四年拍攝下一張聞名全球的阿富汗少女照片的攝影師，相隔十七

年後，再次找到了他當年拍攝的阿富汗少女本人，這段期間當事人不曾再拍攝過任何一張照片。原來在經濟落後的國度，很多人一生可能沒拍過幾次照片。

到了二十一世紀的今天，這現象情況依然存在，即使是經濟狀況比阿富汗略好的塔吉克，我們沿途下來，見到鄉下有智慧型手機的當地人也極少。所以旅行在帕米爾高原的偏遠地區中，與當地居民互動拍照，和分享記錄他們身影的數位檔案這一事，意外讓這趟旅程變成不單只滿足個人的壯遊夢，更開心多了一點我們能力做得到的回饋。

🚲 騎在路上的最後一天

上路帕米爾公路將近一個月以來，長途騎程的最後一天早上，我們兩人正從前一晚野營的大石塊後方走出，牽單車要從荒地走回道路的半途，就遇到四人一組的塔吉克士兵巡邏並看到我們，根本無從躲起以避免被盤查。

從瓦罕走廊一路騎下來，路上時不時都會遇到塔吉克士兵四人一組的步行巡邏，他們普遍對我們這些單車客都很客氣，偶爾還會打招呼，騎在正規道路上的話，遇到他們正好在巡邏，完全不用擔心會被刻意盤查或刁難，但偏不巧的是，我們不在正規道路上騎乘時被撞見，完全給人行跡可疑的感覺。

果然士兵一見到我們，自動過來關切，由於語言不通，在比手劃腳下，只能推測對方是告知對岸的阿富汗會朝塔吉克這端開槍射擊過來，不可以在兩國邊境野營，並未為難我們，才讓我們鬆口氣。

幸好我們不是正在露營時被看到，「不然會不會在被驅趕之外，或是有其他懲罰？」兩人也不敢再多想，被盤查完放行後，就趕緊往前騎乘離開士兵們的視線。

這一天只須騎六十公里不到即能到達預訂的終點洪布堡（Qal'ai Khumb），但是沿途路面陡上陡下，路況有沙子路、碎石路、破碎柏油路面、不平整的凹凸路，各種爛路類型大集合，騎下來有總複習塔吉克帕米爾高原路況的感覺。

更刺激的是自己騎到半途停下來，準備換運動相機電池時，立刻就遇到噴赤河對岸的阿富汗在用炸藥爆破開路，「碰」的巨大聲響，震撼到維修怕對岸不飛子彈，換飛石頭過來打人，倉促地催我快走。

在沿途海拔越來越低之下，烈陽直照下的溫度也越來越酷熱，讓我們一遇到小商店，就不斷地停下來買瓶冰飲料喝並稍作休息後，才有體力繼續向前。一直到翻越一段小陡坡，見到標示「向前一百公尺就進入洪布堡」之際，讓人有幾分不真實的感覺，真的將要到達這段旅程的長程騎乘終點。

到達洪布堡時，維修甚至還忍不住說：「真不敢相信這樣就要結束！想一直騎下去！」我忍不住回：「快回臺灣吃你的滷肉飯和雞排啦！」顯然他忘了之前在路上一直哀哀叫吃泡麵不合胃口，且在吉爾吉斯奧什買的一堆罐頭，也是吃沒幾次就再也不吃，讓不愛浪費食物的我，還要辛苦消耗他不吃的食材。

接下來我們找了位在河岸邊，別人推薦的 Jurev Roma 民宿入住後，先洗澡清理累積了四天的全身灰塵後，就到附近超市買冰啤酒和洋芋片，慶祝這趟長途單車旅程告一段落。買完東西走出超市時，維修談到：「好像快一個月沒看到有收銀機的商店了！」經他這麼一講，想想從吉爾吉斯的奧什出發後，真的沒見過路上商店有收銀機的。沒想到收銀機也成了觀察帕米爾公路沿途經濟發展程度的指標之一。

回到旅舍後，心情輕鬆的兩人，覺得吃什麼食物都美味，維修更是大力讚揚民宿晚餐提供的羊肉湯麵超好吃，讓服務人員開心到自動幫我們續碗，還額外加碼奉上西瓜和葡萄。吃完晚餐後，我們順便看了民宿餐廳戶外電視轉播印尼雅加達亞運，看到羽球單打決賽的片段畫面轉播，有臺灣選手戴資穎和周天成的身影且雙雙取得好成績，真是令人振奮，沒想到在遙遠的帕米爾公路上，能看到臺灣人的身影出現在當地的電視上，也是特別的回憶。

隔天早上，我們就帶單車搭蘇式小巴前往塔吉克首都杜尚別（Dushanbe），為返回臺灣做準備。

旅途裡最後一天在帕米爾公路上野營。

騎單車在隔著噴赤河的阿富汗對岸時光，有不少路段距離近到，可望見「阿富汗小朋友朝你揮手招呼」的獨特風景。

機
場
諜
對
諜

塔吉克杜尚別國際機場。

　　騎完帕米爾公路後，結束旅程的兩人，要直接帶單車
從塔吉克搭飛機回臺灣，但在塔吉克首都的杜尚別國際機
場登機的過程，從託運行李到入海關，每一個環節都有遇
到狀況，也是一場刺激的大冒險。

🚲 單車差點上不了飛機

　　我們返回臺灣的飛行航程是：塔吉克杜尚別 ➡ 杜拜 ➡
香港 ➡ 臺灣，飛機從塔吉克起飛到降落臺灣，加上中間轉
機的等待時間，一共要費時約二十七小時。

　　搭機當天的凌晨兩點左右，距離我們的班機起飛前兩小
時，櫃檯剛開櫃，我們前去處理託運行李時，行李還未秤重，
櫃檯服務人員一見到我們託運的兩輛單車，先針對其中一個
上有綠字的單車紙箱指出體積太大件，不能託運，我們直

接問是否能多付行李費解決，也被斷然拒絕。而發生這情況的當下，我看著維修，這是他造成的問題。

一開始在青年旅舍拿到這個上有綠字單車紙箱時，我一看就覺得太大，有超過要搭乘的 Flydubai 航空託運體積規定的風險，建議要裁剪並縮小體積比較保險，維修卻回：「別人能帶這單車紙箱搭機來塔吉克，一定沒問題，是妳想太多！」

在聽到他這樣回覆後，我也不多說什麼，選擇讓他親自碰到問題，不然我一直提醒或是自行動手把紙箱先裁好、縮小，他還會覺得我多事而感到不高興，這是跟他一起海外單車旅行兩個月半後，發現兩人相處要不起衝突，就是不要干涉對方的作法，即使兩人是男女朋友關係也是。

後來維修很幸運地在現場臨時借到一把機場提供的刀子，他迅速裁剪紙箱，縮小至符合標準，加上一位機場職員也有前來協助，我們才能開始處理要搭機的後續事務。

這一關危機解除後，維修立刻得意地對我說：「看我很厲害吧！能這麼迅速地就把紙箱縮小，且重新打包完行李！」我選擇深呼吸一口氣，告訴自己，要包容這位男子自信起來，就是這麼的樸實無華，而且「白目」。

🚲 行李超重被索賄

到行李秤重，才是這趟登機要跟杜尚別機場人員諜對諜的開始。

在結束塔吉克旅程要搭機返回臺灣前，有一位早我們一個禮拜，入境和離境這國家的臺灣單車客莫克夏，在臉書上分享在杜尚別機場帶單車搭機去伊朗，因行李超重，所以被機場人員帶去小房間索賄的經驗。

我看到莫克夏分享後，再度諮詢並請教分享帕米爾公路旅程資訊給我們的彥伯兄，他回覆也遇過同樣的情況，讓人能確定一件事：**杜尚別機場對單車客行李超重會索賄，但不會在櫃檯前收錢。**

可是，我們才剛把行李搬上秤重器，尚未看到總重量的數字，居然就被剛剛協助打包單車的機場職員直接索賄，且也未帶我們去小房間。

面對這樣的公然索賄，維修傾向先給50索莫尼（約160台幣）打發對方，我則是建議先確認行李是否超重，付完超重費後，再給對方錢，以免沒錢給超重費，而且杜尚別機場無法刷卡付費，一定要付現。

　　而為何我們不託運前就先秤重行李，做好調整，以避免超重被索賄？原因是杜尚別機場只有託運行李櫃檯能秤重，在航班未開櫃前禁止進入，根本無法事先確認行李總重量並做調整。

　　結果秤重下來，兩人的託運行李含單車總重量有69.8公斤，超過購買的託運行李重量將近10公斤，所以被要求支付100美金（約3,000台幣）的超重費。當下距離託運行李截止時間迫在眉睫，根本沒時間抉擇哪些託運行李要丟棄以減輕重量，再重新打包行李。

　　然而，就在我們要準備付費的同時，那位協助打包單車的機場職員又再次來我們身旁索賄，並且直接講「Camera！ Camera！」，提示有攝影機。於是維修先和重複來索賄的機場職員往旁邊走，離開櫃檯上方攝影機的拍攝範圍去做交涉。

　　維修選擇把我們剩下的當地貨幣421索莫尼（約1,370台幣），直接交給那位重複來索賄的機場職員，並和他合作搬運單車和其他行李，通過櫃檯旁的X光機檢查。

　　正當我在一旁疑惑是否還要再付行李超重費的時候，那位直接來索賄的機場職員又回櫃檯講了一些話，我們兩人就領到機票和行李託運憑證，沒有再付100美金的超重費，就被放行了。

　　沒想到被索賄能少付行李超重費，算一算居然有半價折扣。

打包單車時，使用了上有綠字且體積過大的單車紙箱。

🚲 被勒索電子產品

接著我們趕著上樓，準備過海關出境，維修在此才遭遇了最驚險的一關。

過海關出境前，還有隨身行李檢查，要把身上所有東西拿去過X光機掃描，我很順利的一下就通過，但在我身後的維修，則是行李一放入X光機掃描，就被檢查人員叫過去旁邊的桌子，要求打開隨身行李一一查驗。

個人直覺他一定有遇到事情，但是也怕我若不繼續往前走過海關驗護照，反而換自己也會被認為行跡可疑而惹上麻煩，所以只好忐忑不安地先過海關，完成出境手續，從海關口的另一端等對方過來。

等待維修的過程中，我還看到他有被帶進小房間，也有Flydubai櫃檯的主管上樓來找他，再過了將近十分鐘，才見到他終於過海關出境，維修和我會合後，向我描述著他在當中發生什麼事。

維修回憶地述說：「在被要求到一旁桌子查驗隨身行李，並帶去小房間後，檢查人員直接跟我勒索一顆行動電源，我拒絕這要求，檢查人員又見到我有相機，換要求留下相機。我不爽那檢查人員的勒索，不願意給任何電子產品，所以彼此一直僵持不下。」

接著維修講，我也看到的Flydubai櫃檯主管上來找他後，發生什麼事。

「此刻正好Flydubai櫃檯主管上來找我，要確認之前借用的刀子是否歸還，才不用跟那檢查人員僵在那，接著我就跟那主管離開去樓下，並確認有歸還借用的刀子。」維修說明了一下。

然後，接下來才是最精彩的。

維修繼續講：「其實那櫃檯主管一樣也有跟我要錢，我直接拿出身上剩下的四張1塊美金紙鈔示意，對方拒收，我再婉轉地表示其他錢已經給機場櫃檯另一位職員後，櫃檯主管就回覆：『You are tourist. It's OK.（你是遊客沒關係。）』後，就協助我取回被查驗的隨身行李，化解了被勒索電子產品的危機，讓我能去過海關。」

聽完維修的敘述後，我發現最初他不聽我的意見事先把單車紙箱裁剪、縮小，反而才是對的決定！如果他沒在機場櫃檯借刀子裁剪單車紙箱，間接

讓櫃檯主管來樓上小房間找他，恐怕他不給檢查人員電子產品，進行賄賂，會出不了小房間。

不過維修會用幾張1塊美金紙鈔，技巧性打發掉Flydubai櫃檯主管的索賄，並非他自行想到的，是從早我們一個禮拜離開塔吉克的臺灣單車客莫克夏的經驗分享下，得知有這方法能用。

因此，兩人在來機場前就有共識，把身上最後一張100美金紙鈔藏好，先用身上現有的當地貨幣來應付索賄，再放幾張1塊美金紙鈔在身上，當作願意付錢的心意展示，幸好這一招的確有用。

捱過了這一連串登機前的考驗後，我回顧在杜尚別機場的海關出境時，為什麼維修會遇到被盤查隨身行李，我這邊卻沒事的情況？想了一下，應該是我們兩人對電子產品的放置方式差異造成的。

我是把身上電子產品放置的非常凌亂，相機、行動電源、相機電池等，都塞在身上運動外套內外夾層的不同口袋，所以在過隨身行李的X光機掃描這一關時，就沒被懷疑所攜帶的電池超過規定容量；維修則是將他所有電子產品排列整齊，集中放隨身行李袋固定位置，一經X光機查驗，馬上就被懷疑攜帶電池超過規定容量，導致被盤查，遇上遭勒索電子產品的危機。

看來以後在經濟落後國家的海關通關時，身上的電子產品最好要分散放，才不會在過X光機掃描檢驗時，被懷疑是否帶超過允許上機的電池容量，遭到盤查藉故敲竹槓，畢竟我們這種外國遊客身上各式的電子產品，在經濟落後國家是很值錢的。

🚲 回到臺灣

在二〇一八年九月六日，早上快十一點到達臺灣桃園機場後，我們完成入境去行李轉運區等待開獎：**是否兩輛單車和所有託運行李，都有跟隨我們同班機回到臺灣？**在領取行李轉盤區清點下來，行李一件不少隨著我們回到臺灣，確定順利結束中亞單車之旅！

返抵臺灣時的全部行李。

　　接著我們去第一航廈的地下美食街點炒米粉，吃了睽違兩個月半的臺灣味作午餐，一解之前旅途中舌尖上的鄉愁，接著就搭乘國光號客運去台北的南港轉運站返家。

　　從南港轉運站組好單車，最後一次再掛上所有中亞單車旅程時攜帶的行李，騎往回的路上，天空飄下細雨，平常不喜歡騎單車遇到雨的我，獨有這次特別享受。

　　在帕米爾公路上單車旅行的一個月，只有出發的第二天，淋到一點雨，之後旅程一直到結束離開塔吉克，都不曾遇過半滴雨，天天都是太陽晒到覺得熱的好天氣。

　　踏進自己台北家門歸來的一刻，回首兩個月半前才從同樣的地方出發去機場，準備踏上中亞單車旅行，一切彷彿一場夢，剩下滿是沙塵的單車和行李，以及殘留摸得到的旅行痕跡。

　　我們也在返回臺灣後的兩天，就回去彰化，探望啟程之前，直至旅途中，維修都一直掛心身體狀況不佳的阿公，也感謝老人家有等到我們旅程結束，平安歸來的一刻。

後記 TALK

在落後國家機場搭機，遇到機場人員會勒索不意外，身上放少少當地貨幣和幾張1塊美金，示意沒錢還是很管用。

致
意
單
車
恐
攻
事
件

——

塔
吉
克

TAJIK

塔吉克段的帕米爾公路邊很常見到各式大型路牌。

　　這趟帕米爾公路的旅程裡，入境塔吉克前，這國家發生了單車客遭到恐怖攻擊致死的案件，是自己人生十幾年的海內外單車旅途裡，最令我感到哀傷的單車事故。旅途中跟外國旅人和當地人，都有聊到這事件，也在逝世單車客的部落格裡，見到了為何出發去旅行最真摯的心聲。

🚲 單車恐攻事件

　　二〇一八年七月二十九日，距離塔吉克首都杜尚別路程約八十五公里的一個城鎮當哈拉（Danghara）的路上，ISIS伊斯蘭國的恐怖分子開車隨機撞擊路途上一群單車客，造成兩位美國單車客、一位荷蘭單車客和一位瑞士單車客死亡，以及數位外國單車客受傷。

　　這起事件讓鮮少在國際新聞露臉的塔吉克，難得被世界關注，連臺灣的新聞都有報導。塔吉克政府在事發後，

很快地在幾天後的八月二日，於事發地設立起紀念路牌，示意這國家對此事件的發生也深感難過。

🚲 牽動旅程的抉擇

事件發生後的幾天，我們在帕米爾公路上停留在薩雷塔什，這個吉爾吉斯鄰近中國新疆和塔吉克的邊境城鎮時，在手機有網路下，才赫然看到這則新聞報導，甚至也有熱心臺灣網友傳訊息告知，一時我和維修兩人面面相覷：**外國單車客居然會是恐怖攻擊的目標？**

由於事情發生太突然，我們一度猶豫是否要放棄入境塔吉克，轉往中國，選擇這個在旅程規劃時，本來就有的備案。

後來跟民宿裡的一對法國單車客夫妻相聊，大家評估塔吉克並非恐怖分子活躍的危險地區，單車恐攻事件不會是常態，加上在吉爾吉斯遇過不少從塔吉克方向騎過來的外國單車客，對這國家普遍評價是人民純真，只是經濟落後並不危險。

同一時期，看臺灣單車旅遊社團討論這則新聞時，有臺灣車友用這事件的發生，一口咬定塔吉克這落後國家不適合去旅行，引起去過的臺灣單車客回覆實況，爭論「落後」和「危險」是否劃上等號。

對於一個陌生國家的想像，我們最後選擇相信去過塔吉克的人所做的經驗分享，不把這國家視為危險國家，決定入境塔吉克單車旅行。

🚲 經過事件發生地

我們在洪布堡（Qal'ai Khumb）結束長途騎乘，搭乘蘇式小巴前往塔吉克首都杜尚別的路上，我一直眺望窗外風景，就在車子行經一片荒野乾燥草原地區，忽然瞥見了路邊有一塊大牌子顏色感覺有點花，等車子駛過牌子，見到正後方有停放一輛單車，這一瞬間我意識到：「這邊是之前發生單車客在塔吉克遭到車撞，恐怖攻擊致死的事發地嗎？」

01　02　01見到路牌標示，從長途騎乘終點洪布堡（Qal'ai Khumb）距離單車恐攻事發地當哈拉（Danghara），有二百四十一公里遠；02塔吉克路牌的特色是會融入國旗的顏色。

當我還在想是否是事發地的同時，前方開車的駕駛主動轉頭說：「之前有單車客在那出事妳知道嗎？」才確認我想的沒錯。

駕駛有再接下去問：「是否要回頭去拍照？」

當下那一刻我選擇拒絕。主因不是車子掉頭回去拍紀念路牌浪費時間，而是一想到那些被伊斯蘭國恐怖分子戛然終止人生與夢想的四位單車客，心情頓時難過起來，無法在紀念路牌前按下快門，那記錄他們人生旅途的終點處。

事發後入境塔吉克單車旅行下來，一路也遇到的其他歐美旅人，聊天時有數次談起這件單車客恐攻事件，沒人在擔心自己是否會成為下一個目標，都先扼腕那幾位不幸離世的單車客，無緣繼續走完未盡的旅途。

甚至有的旅人分享，路途中有遇到其他跟受難而離世單車客相識的人，甚至特別製作影片懷念逝者，也跳出來呼籲不要因為這偶發事件，把塔吉克視為不能來旅行的治安危險國家。

這事件成了我們在塔吉克旅程上跟其他旅人的話題交集，但可以的話，仍希望這場單車恐攻事件根本沒發生，只是一個虛構的故事。

🚲 塔吉克人聊事件的影響

我們在塔吉克的帕米爾高原入口城市霍羅格（Khorog），有遇到一位精通中文的塔吉克帕米爾族人莎芬娜（Safina），她曾去中國留學過，是我們住宿

在霍羅格和莎芬娜的合照。

的民宿 Welcome Inn 的接待主人，她有用中文直接聊過對於單車恐攻事件的看法，以及她經歷的一件事。

首先，莎芬娜談當她見到這新聞報導時，遺憾有外國人在她的國家受難，也説根據塔吉克國內新聞報導，犯下罪刑的塔吉克人是幾個二十歲初頭的年輕人，推測是因貧窮到海外工作後，間接接觸到恐怖組織且被吸收，拿了錢才會做出這樣的事，犯案完後想逃去鄰國阿富汗未成，先被警方擊斃。

自己在看中文和英文新聞對這事件報導，都沒提到兇嫌的年紀和加入恐怖組織的理由，只有看到有伊斯蘭國跳出來聲明事件是他們主使的，也有塔吉克政府指控是反對黨策畫的觀點，主謀單位是哪一個，似乎比執行犯案者是誰更備受關心。

接下來莎芬娜多聊，塔吉克政府害怕恐攻事件影響外國人來旅遊的意願，所以要求國家各單位都要對外國人的提出的需求謹慎以對，也不可索賄。沒想到此舉竟然間接讓她成受害者，在民宿遇到外國遊客想敲詐賺錢。

莎芬娜分享曾遇到兩位來住民宿的丹麥人，連早餐的囊餅都要偷拿，讓人直覺不太對勁，結果兩位丹麥人離開後，跟警方報案在她的民宿被偷了 200 美金，換警方找上門要她賠償。

莎芬娜輾轉跟鄰國吉爾吉斯的民宿業者問到，那兩名丹麥人也在那做過一樣的事，想要敲詐但是沒有成功，因此莎芬娜向警方表示那兩名丹麥客是敲詐慣犯，拒絕賠償。

後來塔吉克警方沒再向莎芬娜索賠，但是警方怕那兩位丹麥人聲揚在塔吉克旅遊遭竊，進而影響國家形象，他們基層會被政府上層究責，最後自行掏錢賠給丹麥遊客私下了事。

莎芬娜表示她不認同警方的作法，卻又無可奈何，這事情也是她今年暑期經營民宿下來，遇到最棘手的事。

　　聽了莎芬娜的分享後，我和維修一同搖頭那兩名丹麥人居然連不富裕的塔吉克人也要敲詐，如此險惡的人性，對比傷害無辜單車客的恐怖分子，沒有好到哪去。

🚲 致意

　　結束旅程回到臺灣後，我對單車恐攻事件仍放在心頭，也曾疑惑的想過：「那些不幸在恐攻中身故的外國單車客們，有後悔騎這趟旅行嗎？」

　　我回去查了四位受到單車恐攻離世單車客的故事，其中有一對是來自美國的情侶檔，他們有將旅途心得記錄分享在部落格，情侶檔裡二十九歲的男孩奧斯丁（Austin）有在他的部落格留言：

"life is short and the world is big and we want to make the most out of our youth and good health before they're gone."

（生命如此短暫，世界如此大，想用我們大部分的青春和健康好好見識，在離開人世之前。）

　　這一段為何出發去旅行的真摯心聲，解答了我的疑問，確定他們沒有後悔進行這趟旅程，就像記錄殯儀館工作見聞作者大師兄，在他著作《比句點更悲傷》這本書中結語一樣：「**沒有後悔和遺憾的人生就是最好的。**」

　　致意在這場單車恐攻事件中離世的單車客們，他們只是在逐夢的人生光輝時刻，先走到了人生終點，告訴了人們：珍惜能健康活著並追夢的幸福。

後話 TALK 感謝旅途上交流，讓自己對單車恐攻事件認知，沒單面向停在可怕和哀傷，成了貼標籤塔吉克是危險國家的其中一人。

JOURNEY

016

騎情天涯

旅程第三天，單車與途中的櫻花合照。

臺
灣
TAIWAN

結束了海外單車旅程回到臺灣之後，我們去騎合歡山公路，回到彼此最初相遇和道別的地方，作為我們結婚前的最後一趟長途單車旅行。

 初遇

有一個在台北長大的小女孩，小時候在家前剛學會騎單車時，都只敢在家前沒有太多汽機車會經過的巷子裡騎乘，不敢騎到大馬路上，但卻愛望著巷子口外的大馬路，那邊可眺望到無高樓建築擋住一片的天空，好奇地想著：「單車可以騎到多遠？」

有一個在彰化鄉下長大的小男孩，家鄉風景都是平原農地，嚮往自己去看海，就趁著某天小學只上半天課的下午，快樂地跟死黨準備好單車和一瓶水，口袋十塊錢，就踩著單車衝往海邊探險去。

一路上三個彰化小學生看不懂地圖，沿途問路，騎了快兩小時，倒也真的騎單車到達王功漁港，親眼看到海！

224

但是小男孩的家有下午五點一定要到家的門禁，也讓他第一次從家裡騎單車勇闖王功漁港看海成功的旅程，結局是晚上七點半到家後，因不守家裡規矩而被爸爸打一頓。

　　儘管這趟「初次騎單車去看海」的探險之旅，沒有被家人稱讚，但那個小男孩心底還是想騎單車去冒險。

　　台北女孩和彰化男孩長大後，這兩個都想騎單車去遠方的人，在遙遠的臺灣合歡山公路上半路相遇了。

　　臺灣山區路段裡，位在海拔 1,500 公尺到 2,500 公尺的「雲霧帶」之間，經常到了傍晚之際會濃霧瀰漫，濃到有時會看不到前方。

　　二○○八年的暑期，我和臺灣師大單車社朋友們，初次一起從花蓮方向往合歡山上騎，參加武嶺會師活動[9]。在六月最後一天的傍晚，騎在雲霧帶時，遇到了又霧又雨的天氣，和一位同行的朋友怡婷，正在碧綠神木這地方，等著落後的學弟承諭，同時也煩惱著，該如何在越來越暗的天色騎單車向前行？

　　那時我們只剩一組光線微弱的前後車燈要共用，沒有帶任何露營器材，路上更沒有便車可攔，民宿在距離十七公里遠的大禹嶺，這段路又幾乎是上坡路。

　　那一刻，維修突然在一個轉角口和落後的學弟承諭一起冒出來，這是我們初遇的光景！

　　當下同是天涯淪落人，看到維修有多帶車燈可以照路，他也沒有決定住處，所以我就邀他同行，拜託他當領騎，引領我們其他三人，一起騎單車走

---

[9]武嶺會師活動：大專院校單車武嶺會師的活動，是最早由臺灣民間自發性舉辦的單車挑戰武嶺活動。一開始在 1996 年，由中原、交通、海洋、師大這四間大學的單車社學生發起，固定每年六月底到七月初舉辦，一直辦到 2011 年，在各大專院校單車社無意接辦下才終止。接著 2012 年開始舉辦的 KOM 臺灣自行車登山王挑戰賽，把臺灣單車挑戰武嶺的文化，推向國際化，讓這一段臺灣高山公路，開始出現越來越多的外國單車旅人面孔。

中橫高山夜路到大禹嶺，維修沒有一絲猶豫地自信答應，也讓我看到了「一生中最堅定身影」在前方。

我們初遇的第一天，便是四人結伴，在合歡山海拔 2,000 公尺以上的荒山夜路騎單車，晚上十點才到達大禹嶺。

隔天早上，各自上路後，我和維修在武嶺再次相遇，也在這個臺灣公路最高點海拔 3,275 公尺處，互留聯絡方式後，第一次道別，我和朋友往回，向東部走；維修則往西部走。

🚲 回到碧綠神木下

距離第一次相遇後，兩人在相識的第十年，一起去了中亞海外單車旅行，儘管旅程中有不少衝突，一度讓自己覺得像在旅行中失戀了，幸好帕米爾公路的環境克難到必須互相扶持，倒也因此挺過了衝突沒分手，最後確定要走入婚姻。

我們決定在婚前，再次單車旅行回到最初相遇的地方，一起去騎武嶺，帶著所有海外單車旅行用的裝備，一路單車野營。

騎往武嶺的第三天，從新白楊出發後，一直騎著上坡，隨著台 8 線的路標數字不斷變小，我一直倒數剩幾公里，就會到達標示 128K 的路標，期待接近碧綠神木。

繼續向前騎乘，這一次我終於看清楚了碧綠神木的本尊，也看到了那個，我等到維修出現的位置，而轉角口上方咖啡色底、白字的碧綠神木牌子仍舊標示著：標高 2,150 公尺。

終於回到一樣的轉角口，十年半前相遇的地方，不再是又霧又雨的傍晚，是有著蔚藍晴空的中午。

難得舊地重遊，拍照當下，維修提議：「學昨天別人擺的超級瑪利歐姿勢，一起拍一張好了！」於是一起留下了一張相信過了很多年再看，還是會忍不住一直笑的照片！很有我們最初突兀相遇的意象。

這些年去過了許多地方，早就不知經過多少個轉角口，唯獨這個轉角口一輩子難忘，想專程回來，只因為相遇到決定牽手下輩子的人，是在如此奇妙的時間和地點！

🚲 一起走下去

離開碧綠神木後，一路趕路到武嶺下方的松雪樓時，夕陽已經沒入地平線，天色開始轉黑。

整日的單車重裝趕路下來，從松雪樓登上武嶺前，最後兩公里的陡坡，維修和我已經筋疲力竭，根本是在摸黑中，用著微弱的單車前後燈照明，挨著路邊護欄牽車，一步一步走上去的。

終於在晚上七點左右到達武嶺，攻頂後仰望武嶺的天空，星光熠熠的夜空，美的讓人差點感動流淚，一如大學時代單車旅行走在荒山夜路上時，見到的星空一樣美麗。

| 01 | 02 | 03 | 04 |

01 旅程第二天，在新白楊隧道口前的夜拍；02 旅程第三天，回到最初相遇的碧綠神木；03 旅程第三天，到達武嶺的合影留念；04 旅程第三天，在武嶺的野營。

01旅程第三天，騎在傍晚海拔3,000公尺的合歡山公路上；02二〇〇八年在武嶺道別前的合照。

　　慶祝到達武嶺後，不想摸黑下山，我們默默地在武嶺旁的公共廁所周圍，找到一塊隱蔽處，悄悄地鑽入野營。

　　三月初的夜晚在武嶺，不只溫度趨近攝氏零度，還強風陣陣，讓我們在搭帳棚和用汽化爐煮東西時，費了不少心力抗風，直到晚上九點才用餐。

　　儘管這麼晚才用餐，但是吃下去從山下騎單車載上來，自煮的花雕雞泡麵時，真是跟戶外星空一樣滿天星級的美味，幸福度是無法量化的，本來疲憊到不行的身心，頓時也得到了救贖。

　　武嶺野營過夜後一早，在帳棚內吃完麵包配熱抹茶拿鐵的早餐後，趕緊收拾完所有露營器材，並打包上單車，早上八點前就匆匆下山，要趕搭下午從花蓮新城車站回台北的莒光號雙鐵列車。

　　這一次我和維修騎情天涯到武嶺上的旅途，不再道別彼此，而是一起走下去，並用這段路宣誓彼此要永遠在一起。

　　只要開始上路去旅行，就會有屬於自己的故事，但自己從未想過會是在單車旅行的路上，不斷地踩踏，在不斷相遇和道別的人事物中，相識要用一生為彼此寫故事的人，遇到這一幕會延續下去人生旅途風景，這是單車旅行中，帶給我最意想不到的收穫和祝福。

後誌
TALK
「騎情天涯」一詞，引用自臺灣師大單車社在二〇一四年關閉的大學校內BBS站版名，特別放在篇名紀念，相遇在大學時。

POSTSCRIPT 後記

　　第二段去騎中亞的旅程出發前，詢問了一位和戀人去南美洲自助蜜月旅行過的朋友Gina：「如何看待旅行上的感情不睦？」Gina回覆：「包容。」

　　旅途中一度覺得自己實在包容不下去對方，於是又問：「除了包容，還有其他辦法嗎？」Gina回覆：「那就當自己耳朵聾了和眼睛瞎了。」

　　我：「……（愛情果然要盲目）！」

　　就在安慰自己愛情是盲目之下，雙方也各種咬牙，沒全程騎完帕米爾公路，至少也一起平安回臺灣。先謝謝這位朋友的經驗分享，是我這段旅程，和人能一直走下去的關鍵之一。

　　分段跨歐亞的單車旅程結束後，到決定整理旅行記錄寫書完稿，轉眼已經超過四年，這期間生活又歷經了許多人生大事。

　　首先，旅程結束後不到一年，自己和維修在確定結婚下，感恩彼此去中亞旅程吵架和鳥事太多，都還不離不棄對方，讓彼此在籌備婚禮時，爭執少了許多，多了點旅途上沒有的幸福快樂。至於維修最心愛的阿公，也在我們告知確切的婚宴日期之後三日，安心離世。

　　然後，婚前維修也離開工作了八年新竹科學園區，上台北一起成家，轉入外商公司，在外商公司的報到資料上，有一欄要介紹特殊技能時，還能得意地用英文寫下單車旅行過中亞帕米爾公路，給他的海內外同事看，讓他的阿宅工程師人生自介，有不平凡的故事能說嘴，只是他一定不會說，路上各種讓旅伴討厭的事。

　　私下他還是會得意地說：「準備好再回去帕米爾公路旅行吧！那條路上還有思念的風景和人，等著我們回去。」即使因人生階段規劃的關係，很難決定何時再成行，不過一直把這事放心底某處。

　　帕米爾公路上沿途純樸的民風，終年白雪皚皚的山峰，綠茵草原到高原荒漠，再到深谷隱密結穗黃澄的麥田，激流沖蝕的峽谷深溝，物資缺乏和多

婚紗照拍攝於臺灣東北角102縣道頂點，這邊暱稱「小武嶺」。

處收不到網路的與世隔絕，使人回歸到最簡樸的生活，都令人刻骨銘心，是我們旅程結束後，生活在富裕的臺灣，仍會不時回憶那些曾有過的奇幻往事。

但是，對比維修難忘帕米爾公路的旅程，自己偶爾更想念一人獨自在歐洲單車旅行的逍遙，那是決定走入婚姻後，不知何時能再擁有的自由。

接下來，婚後不到一年，迎接了成家後的第一個新生命到來，肆虐全球的世紀急性傳染病武漢肺炎（Covid-19）也同時出現，打亂世界上許多人的旅行和結婚計畫，甚至吉爾吉斯和塔吉克兩國，也在疫情發生的隔年，爆發戰爭關閉兩國邊境，不知何時重啟，緊鄰塔吉克的阿富汗也再度由塔利班政權掌權，對於曾經去過的地方發生種種變局下來，不禁慶幸能在這一切之前，完成海外長途單車旅行和結婚等大事，不被打亂人生重大規劃下，進入育兒下一階段的人生，真心覺得上天有眷顧我這位任性想出走的旅人。

最後，在寫書超過一年的漫長時光，不斷翻書查資料耕耘文字間的日子裡，感謝家人一同支援育兒，朋友的加油打氣，甚至師大單車社學弟承諭，在忙碌地高中國文教學工作之餘，看稿給予修稿建議，以及協助過旅程器材準備和諮詢的阿拉喜，在處理單車工作室業務之餘，分享寫書和投稿經驗，讓自己在單車旅途大量的故事中，更有方向取捨來作分享。

隨著這段單車旅途寫作完成之後，接下來未來的日子，希望能和另一半帶著我們慢慢長大的孩子，再一同從臺灣開始單車旅行，將來一起去探索世界上，好多我們未探索過的角落，展開下一段騎情天涯的故事。

上路相關的Q&A

長途單車旅行需要體力很好嗎？

自助單車旅行上，除非你要跟別人比較每日里程數，多數人慢慢騎就能練起體力，反而體力是最不需要擔心的問題。但是結伴旅行的話，就得要溝通好彼此體力和騎乘速度有落差時，要如何應對，不然很容易變成爭執點。

要去長途單車旅行需要很大的勇氣嗎？

個人經驗是開口說出要去騎長途單車旅行這一關卡，會比實際上路需要勇氣，尤其是女性想獨自上路，更需要耐心質疑親友對人身安全的擔憂，要克服「信心」這一關。只要你真心想上路，就像《牧羊少年奇幻之旅》一書裡的名言一樣：「當你真心渴望追求某種事物的話，整個宇宙都會聯合起來幫你完成。」

長途單車旅行會很花錢嗎？

對比許多極限戶外運動來說，長途單車旅行是「最省錢」的。

有人旅途常常野營，利用網路社群找尋免費食宿機會，甚至旅途中遇到當地人主動招待食宿，又積極找尋贊助，花將近一年的時間，完成單車橫跨歐亞大陸或是環歐洲一圈的壯遊下來，才花不到20萬台幣，甚至更少錢，而且不只一位臺灣人做到過。

自己沒有窮遊，兩次分段的歐亞單車之旅，約七個月的旅程，個人的總花費是40萬台幣左右。由於自己旅程算開銷大的，兩段旅程之間，我還有去日本滑雪場度假打工賺錢，貼補一點開銷。

長途單車旅行會危險嗎？

只要出門在外旅遊都是有風險的。單車旅行也是有發生過單車客遇到車禍、謀殺和其他意外事故，遭遇傷亡的。但是這些案件發生的比例很低，做好一定的風險評估，甚至買好保險，就放心上路吧！

人生太多事無法掌控，唯一能做到的事，是努力活在當下，盡力嘗試自己想做的事，無悔地活過這一生而已。

05 長途單車旅行要如何規劃行程？

衡量三個要素：時間、經費和喜好。

短時間兩週以內的旅程，最好事先排好每日行程，才能在有限的時間玩得盡興。長時間的旅程，出發時確定前兩晚住宿之後，剩下行程都前一晚再做隔天安排就好，保持彈性。

以自己的旅程為例，首先我確定要避開下雪，畢竟要額外準備在雪地騎車和露營的專業裝備，會是一筆不小的開銷。再來自己不打算為了控制旅費開銷，讓旅程食宿上要過得極為拮据，規劃上有選擇物價較低的國度去旅行。

第一段歐洲的旅程，我規劃八月從英國啟程後，一路騎往巴爾幹半島小國到土耳其，在十一月底結束，避開下雪，路途從物價高到物價低的國家，讓自己入秋冬後，即使減少露營，去住青年旅舍，住宿費負擔也不會太大，也見識到歐洲不同區域的自然人文風景。

至於第二段旅程，在有限的三個月時間裡，先去土耳其，走訪第一段旅程來不及拜訪的景點之外，加上土耳其也有航班能直飛中亞國家，方便直接造訪帕米爾高原所在的吉爾吉斯和塔吉克。不過這段旅程，疏忽土耳其夏季的酷熱，讓我們吃足苦頭，是回顧下來，規劃上算比較大的疏失。

另外如何應用手機來規劃和記錄單車旅行，個人有一篇文章〈長途單車旅行6大實用APP分享〉，也有介紹單車旅行規劃的其他細節，分享在背包客棧的論壇上。

06 單車要如何防被偷竊

海外單車旅行不少人會擔心單車被偷影響旅程，而要如何避免單車被偷呢？其實單車掛滿行李在上面的時候，不太容易被偷走，甚至進去超市買東西，人不在單車旁也不用太擔心。

絕多數的單車偷竊案，都是發生在過夜，車主長時間不在單車旁的時候。會建議過夜時，能把單車放到住宿點室內保管是最理想的。萬一無法放室內，就是找有管理的室內停車場。真的一定得放戶外，最好是找不太容易被人看到的地方優先停放。

萬一都沒辦法符合這些條件，就是車輪和單車架一起上鎖後碰運氣了。有些海外旅行的單車失竊案，發生過小偷不偷走整輛單車，只要偷到車架能再改裝銷贓就好的。

07 野營地方如何選？

長途單車旅行需要野營時，最怕的就是遇到不懷好意的陌生人和有攻擊性的野生動物。

在避開陌生人這方面，最好選不太有人來訪或是能不被人看到的地方紮營優先。甚至在歐洲地區，也有單車客分享是在墓園紮營，歐洲有的墓園就在教堂旁，還方便取水。

而若要避免野生動物闖入帳篷，就是要避免食物氣味吸引到野生動物。如果食物不放在遠離帳篷的地方，就是要放在封閉式的袋子，例如，馬鞍袋內。

一人長途單車旅行好嗎？找伴一起騎互相照應比較好嗎？

一人單車旅行，不免會擔心是不是比較容易遭到陌生人侵犯，甚至是擔心有狀況沒人能幫忙，尤其對女生來說，這方面的疑慮會更多。

其實在長途單車旅行路上，不分性別很多人是獨自上路，也平安完成旅程，只要了解自身情況，做好風險控管，一人去長途自助單車旅行，是能處理大部分的情況。而且獨自旅行，才有更多機會和心力，深入體驗旅途中相遇的人事物。如果你還是單身的話，說不定真愛就在路上等你！

結伴單車旅行的話，最大的優勢是可以互相幫忙旅行的事務規劃，分攤共用器材載運，平分旅費開銷，有團體的安全感。

但是「人」往往也是旅行中最大的變數，跟人結伴一起單車旅行，也需要能互相包容別人的個性與狀況，找到彼此自在的相處方式，旅程才有辦法一起走得遠。

其他部分，若海外單車旅行有要去比較保守的伊斯蘭教國家，例如，伊朗和沙烏地阿拉伯，會建議女生要結伴單車旅行，較好應對在當地傳統文化下，對女性隱約不友善的情況。

長途單車旅行的行李如何準備？

分單車和其他用品兩類來看。

單車部分，每個人身型不同，需要的單車尺寸也不同，加上長途騎乘用的單車，從貨架到輪組，也需要和一般單車不同的規格，會建議找專門服務這一領域的單車店作諮詢，例如，「阿拉喜環球工作室」和「蛙不停」，都是我在準備旅程時，曾經洽詢過的店家。

其他用品部分，可以分類為修理和打包單車用工具、露營器材、服裝、醫療包和衛生用品、電子產品、資料證件與雜物，這些項目去作準備。

個人有一篇文章〈穿越歐洲單車之旅──使用裝備和器材〉，介紹單車旅行行李準備的細節，分享在背包客棧的論壇上。

長途單車旅行能給人生什麼意義嗎？

要分享去長途單車旅行，一定能給人生體會到什麼事的話，我可以肯定一件事：對生活會多一點耐心，去面對不確定和不開心。

旅行出發在路上的日子每天都是未知，長途旅行的人生，不會只剩好人好事在路上，也是會有不如意的事發生，讓你掃興至極。不過若你願意多點耐心，設法讓這些導致心情溼冷當下的烏雲風雨慢慢散去，等陽光再現的一刻，又會有機會在風雨後看到彩虹出現，**沒有風雨，陽光是折射不出彩虹的！**這是我在長途單車旅行裡，親眼見到覺得最感動的自然風景。

單車旅行路線圖

第一段獨騎歐洲單車之旅路線

🚲 單車　🚌 搭客運和接駁車移動　🚗 搭車　🚢 搭船　🚆 搭火車　🚊 搭電車

臺灣 ▸ 飛機 ▸ 馬來西亞吉隆坡（Kuala Lumpur） ▸ 飛機 ▸ 英國倫敦（London） ▸ 英國蘇格蘭的威廉堡（William Fort） ▸ ❶火車 ▸ 英國倫敦（London） ▸ ❷電車 ▸ 英國哈維奇（Harwich） ▸ ❸搭船 ▸ 荷蘭角港（Hook of Holland） ▸ 波士尼亞莫斯塔爾（Mostar） ▸ ❹火車去賽拉耶佛（Sarajevo），搭客運回莫斯塔爾 ▸ 阿爾巴尼亞地拉那（Tirana） ▸ ❺客運 ▸ 科索沃普里茲倫（Prizren） ▸ 土耳其伊斯坦堡（Istanbul） ▸ 飛機 ▸ 杜拜（Dubai） ▸ 飛機 ▸ 臺灣

- 搭飛機移動：一共4次
- 搭火車長途移動：一共2次
- 搭船長途移動：一共1次
- 搭客運長途移動：一共2次
- 搭電車長途移動：一共1次

獨騎歐洲路線圖
Felt線上地圖 QRcode

第二段伴騎歐亞單車之旅路線

臺灣 ▸ 飛機 ▸ 杜拜（Dubai）▸ 飛機 ▸ 土耳其伊斯坦堡（Istanbul）▸ ❶客運 ▸ 土耳其格雷梅（Göreme）▸ ❷客運 ▸ 土耳其伊茲密爾（Izmir）▸ 土耳其艾瓦勒克（Ayvalık）▸ ❸搭船來回希臘萊斯沃斯島（Lesbos）▸ 土耳其恰納卡萊（Çanakkale）▸ ❹搭船來回土耳其加里波利半島（Gallipoli Peninsula）和格克切島（Gökçeada）▸ ❺客運 ▸ 土耳其布爾薩（Bursa）▸ ❻搭船 ▸ 土耳其伊斯坦堡（Istanbul）▸ ❼飛機 ▸ 吉爾吉斯比什凱克（Bishkek）▸ ❽搭車來回頌湖（Song Kol）騎馬 ▸ ❾搭車 ▸ 吉爾吉斯奧什（Osh）▸ 塔吉克阿利楚爾（Alichur）▸ ❿搭車 ▸ 塔吉克霍羅格（Khorog）▸ ⓫搭車 ▸ 塔吉克瓦罕走廊的蘭加爾（Langar）▸ 塔吉克洪布堡（Qal'ai Khumb）▸ ⓬搭車 ▸ 塔吉克杜尚別（Dushanbe）▸ 飛機 ▸ 杜拜（Dubai）▸ 飛機 ▸ 香港 ▸ 飛機 ▸ 臺灣

▪ 搭飛機移動：一共6次
▪ 搭火車長途移動：一共0次
▪ 搭船長途移動：一共5次
▪ 搭客運和接駁車長途移動：一共9次
▪ 搭電車長途移動：一共0次

伴騎歐亞路線圖
Felt線上地圖 QRcode

書　　　名	愛在單車路上， 從獨騎到結伴踩踏出天涯
作　　　者	林于喬
攝　　　影	林于喬、余維修
主　　　編	譽緻國際美學企業社・莊旻嬑
美　　　編	譽緻國際美學企業社・羅光宇
封面設計	洪瑞伯
發 行 人	程安琪
總 策 劃	程顯灝
總 編 輯	盧美娜
美術編輯	博威廣告
製作設計	國義傳播
發 行 部	侯莉莉
財 務 部	許麗娟
印　　務	許丁財
法律顧問	樸泰國際法律事務所許家華律師
藝文空間	三友藝文複合空間
地　　　址	106 台北市安和路 2 段 213 號 9 樓
電　　　話	(02) 2377-1163
出 版 者	四塊玉文創有限公司
總 代 理	三友圖書有限公司
地　　　址	106 台北市安和路 2 段 213 號 9 樓
電　　　話	(02) 2377-4155、(02) 2377-1163
傳　　　真	(02) 2377-4355、(02) 2377-1213
E - m a i l	service@sanyau.com.tw
郵政劃撥	05844889 三友圖書有限公司
總 經 銷	大和圖書股份有限公司
地　　　址	新北市新莊區五工五路 2 號
電　　　話	(02) 8990-2588
傳　　　真	(02) 2299-7900

初　　版　 2023 年 05 月
定　　價　 新臺幣 420 元
I S B N　 978-626-7096-33-8（平裝）

國家圖書館出版品預行編目（CIP）資料

愛在單車路上,從獨騎到結伴踩踏出天涯 / 林于喬
作. -- 初版. -- 臺北市 : 四塊玉文創有限公司,
2023.05
　面; 公分
ISBN 978-626-7096-33-8(平裝)

1.CST: 腳踏車旅行 2.CST: 世界地理

719　　　　　　　　　　　　　112002668

三友官網　　　三友 Line@

五味八珍的餐桌
—— 品牌故事 ——

60 年前，傅培梅老師在電視上，示範著一道道的美食，引領著全台的家庭主婦們，第二天就能在自己家的餐桌上，端出能滿足全家人味蕾的一餐，可以說是那個時代，很多人對「家」的記憶，對自己「母親味道」的記憶。

程安琪老師，傳承了母親對烹飪教學的熱忱，年近 70 的她，仍然為滿足學生們對照顧家人胃口與讓小孩吃得好的心願，幾乎每天都忙於教學，跟大家分享她的烹飪心得與技巧。

安琪老師認為：烹飪技巧與味道，在烹飪上同樣重要，加上現代人生活忙碌，能花在廚房裡的時間不是很穩定與充分，為了能幫助每個人，都能在短時間端出同時具備美味與健康的食物，從 2020 年起，安琪老師開始投入研發冷凍食品。

也由於現在冷凍科技的發達，能將食物的營養、口感完全保存起來，而且在不用添加任何化學元素情況下，即可將食物保存長達一年，都不會有任何質變，「急速冷凍」可以說是最理想的食物保存方式。

在歷經兩年的時間裡，我們陸續推出了可以用來做菜，也可以簡單拌麵的「鮮拌醬料包」、同時也推出幾種「成菜」，解凍後簡單加熱就可以上桌食用。

我們也嘗試挑選一些熟悉的老店，跟老闆溝通理念，並跟他們一起將一些有特色的菜，製成冷凍食品，方便大家在家裡即可吃到「名店名菜」。

傳遞美味、選材惟好、注重健康，是我們進入食品產業的初心，也是我們的信念。

冷凍醬料做美食

程安琪老師研發的冷凍調理包，讓您在家也能輕鬆做出營養美味的料理。

冷凍醬料的
5 大優點

省調味 × 超方便 × 輕鬆煮 × 多樣化 × 營養好

選用國產天麴豬，符合潔淨標章認證要求，我們在材料和製程方面皆嚴格把關，保證提供令大眾安心的食品。

聯繫客服　電話：02-23771163　傳真：02-23771213

程安琪

冷凍醬料調理包

香菇蕃茄紹子

歷經數小時小火慢熬蕃茄，搭配香菇、洋蔥、豬絞肉，最後拌炒獨家私房蘿蔔乾，堆疊出層層的香氣，讓每一口都衝擊著味蕾。

雪菜肉末

台菜不能少的雪裡紅拌炒豬絞肉，全雞熬煮的雞湯是精華更是秘訣所在，經典又道地的清爽口感，叫人嘗過後欲罷不能。

麻辣紹子

麻與辣的結合，香辣過癮又銷魂，採用頂級大紅袍花椒，搭配多種獨家秘製辣椒配方，雙重美味、一次滿足。

北方炸醬

堅持傳承好味道，鹹甜濃郁的醬香，口口紮實、色澤鮮亮、香氣十足，多種料理皆可加入拌炒，迴盪在舌尖上的味蕾，留香久久。

冷凍家常菜

一品金華雞湯

使用金華火腿（台灣）、豬骨、雞骨熬煮八小時打底的豐富膠質湯頭，再用豬腳、土雞燜燉 2 小時，並加入干貝提升料理的鮮甜與層次。

靠福·烤麩

一道素食者可食的家常菜，木耳號稱血管清道夫，花菇為菌中之王，綠竹筍含有豐富的纖維質。此菜為一道冷菜，亦可微溫食用。

3種快速解凍法

想吃熱騰騰的餐點，就是這麼簡單

1. 回鍋解凍法
將醬料倒入鍋中，用小火加熱至香氣溢出即可。

2. 熱水加熱法
將冷凍調理包放入熱水中，約 2 ～ 3 分鐘即可解凍。

3. 常溫解凍法
將冷凍調理包放入常溫水中，約 5 ～ 6 分鐘即可解凍。

私房菜

純手工製作，交期較久，如有需要請聯繫客服
02-23771163

程家大肉

紅燒獅子頭

頂級干貝 XO